Die Zeit ist ein Engel
der die gesamte Schöpfung besucht.
Vergangenheit und Zukunft
Sind ihre mächtigen Schwingen,
Die Gegenwart
Ihr Geschenk.

Dieses Buch ist gewidmet
Allen Bäumen, die jemals besucht wurden,
Und dem Baum des Lebens
Auf ewig unberührt.

Fred Hageneder
Anne Heng

Das BAUM ENGEL ORAKEL

NEUE ERDE

1 2 3 4 5 6 7 8 9 10 11 12 13 14 15 12 11 10 09 08 07 06

Das Baum-Engel-Orakel
Fred Hageneder, Anne Heng
Buch mit 36 Karten im Set

Titelseite:
Zeichnung: Anne Heng
Gestaltung: Dragon Design, GB

Illustrationen: Anne Heng
Satz: Dragon Design, GB
Gesetzt aus der Minion

Gesamtherstellung: Midas Printing International

Printed in China

ISBN 3-89060-076-X

Neue Erde Verlag GmbH · Cecilienstr. 29
66111 Saarbrücken · Deutschland · Planet Erde
www.neueerde.de

Den Bäumen des Paradieses
in tiefster Dankbarkeit

Inhalt

Über dieses Buch . . . 8
Willkommen im Wald der Seele . . . 10
Der Baum der Erkenntnis . . . 11
Der »Abstieg« der Bäume . . . 12
Naturgeister und Baum-Engel . . . 14
Baum-Orakel . . . 16
Das Baum-Engel-Orakel . . . 18
Die Auswahl der Baumarten . . . 19
Zur Benutzung des Baum-Engel-Orakels . . . 21
Die Legearten . . . 23
Ein Baum für den Tag . . . 23
Die stillen Wächter . . . 24
Die Weltensäule . . . 25
Der Baum der Erkenntnis . . . 26
Das UR-Tor . . . 27
Das Medizinrad . . . 28
Der All-Umhegende Weltenbaum . . . 29

Die Karten
0 Birke . . . 32
1 Esche . . . 34
2 Walnuß . . . 36
3 Holunder . . . 38
4 Ilex (Stechpalme) . . . 40
5 Eberesche . . . 42
6 Weißdorn . . . 44
7 Eiche . . . 46
8 Espe . . . 48
9 Hasel . . . 50
10 Wacholder . . . 52
11 Linde . . . 54
12 Schwarzdorn . . . 56
13 Eibe . . . 58

14 Feldahorn 60
15 Ulme 62
16 Schwarzpappel 64
17 Lärche 66
18 Silberweide 68
19 Kiefer 70
20 Apfel 72
21 Fichte 74
22 Efeu 76
23 Olive 78
24 Mandel 80
25 Hainbuche 82
26 Rotbuche 84
27 Libanonzeder 86
28 Roßkastanie 88
29 Bergahorn 90
30 Erle 92
31 Birne 94
32 Pipal 96
33 Ginkgo 98
34 Kirsche 100
35 Myrrhe 102

Nachwort
Unsere Pforten der Wahrnehmung 104
Ängste 105
Innen oder Außen? 106

Adressen 108
Der Autor 110
Die Künstlerin 110

Über dieses Buch

Die Baum-Engel sind für mich real, ich spüre sie, aber ich sehe sie nicht. Ich habe deswegen jahrelang gezögert, ein Baumorakel zu gestalten, denn hierfür ist die Visualisierung ja unerläßlich. Ich möchte nicht vermessen sein und den Menschen sagen: »So sieht das aus!« wenn ich selbst blind bin. Also habe ich abgewartet, ob jemand auftaucht, der mehr weiß und besser »im Bilde« ist als ich. Ich bin überzeugt davon, daß es solche Menschen gibt, zumindest in einigen nicht-westlichen Kulturen, doch wohl sicherlich unter tibetischen Priestern oder sibirischen und nordamerikanischen Schamanen? Aber offensichtlich tritt niemand hervor, um sein geheimes Baumwissen mit der Öffentlichkeit zu teilen …

Daß ich nicht mehr zögere, obwohl ich sehe, wie begrenzt mein Verständnis und meine Fähigkeiten zu höherer Wahrnehmung sind, hat außerdem noch zwei weitere Gründe: ein Text von C. G. Jung, dem Begründer der Psychoanalyse, und eine Vision.

Bei C. G. Jung las ich einst, daß die seelischen Urkräfte allen Menschen über das kollektive Unbewußte zugänglich sind. Im Falle einer Vision, z. B. der Heilungsenergie, würde ein christlich geprägter Mensch höchstwahrscheinlich ein Heiligenerlebnis oder gar eine Vision von Jesus Christus haben, während etwa ein Buddhist einen Buddha oder Bodisattva sehen würde. So sorgt unsere Seele dafür, daß unsere Erfahrungen höherer Welten auf eine Weise gemacht werden, die unsere Persönlichkeit auch akzeptieren und integrieren kann. Das bedeutet aber auch, daß es mehr gibt als nur *eine* Wahrheit.

Meine Vision wiederum geschah auf dem Kundalini Yoga-Treffen im August 2000 in Frankreich. Es war der Tag des Weißen Tantra, und über 600 Menschen aus über zwei Dutzend Ländern waren zusammengekommen, um in vollkommenem gemeinsamen Rhythmus für mehrere Stunden zu meditieren. Am Nachmittag, ich befand mich in tiefster Versenkung, wurde ein Teil meines Bewußtseins plötzlich aus meinem Körper geschleudert und fand sich im Wald wieder, der das Yoga-Gelände umgab. Wie in einem sehr klaren, hellen Traum befand ich mich auf einer Waldlichtung, während ich mir gleichzeitig meines Körpers in Meditationshaltung völlig bewußt blieb.

Es war eine runde Lichtung, und ich stand an ihrem Rande. Anwesend war der Kreis der Waldbäume, nicht einzelner Pflanzen, sondern ihrer machtvollen Archetypen. Jede Baumart des nordwesteuropäischen Waldes war vertreten. Gleich zu meiner Linken stand die Birke, beruhigend nahm sie mich gleichsam bei der Hand und stellte mich dem Hohen Rat vor. Es war ehrfurchtgebietend! Und es war eine Stunde der Wahrheit. Es wurde nicht gesprochen, aber die telepathische Klarheit war umso größer. Ich spürte die enorme geistige Präsenz und Intensität in jedem dieser Wesen und daß mein eigenes Denken, meine Motive und mein Leben vor ihnen lagen wie ein offenes Buch. Ich *spürte* sie lächeln, ich *sah* es nicht, denn ich sah keine menschenähnlichen Gestalten. Aber ich spürte ihr Wohlwollen, ihre Sympathie, und ich ahnte sprachlos die Weite ihres Bewußtseins, die meinem kleinen Gewahrsein verschlossen blieb. Sie gaben mir eine Botschaft, nicht mit Worten, sondern wie ein Impuls aus Licht und Wärme, und mein Herz übersetzte es für mich in die Sprache der Menschen: »Du kennst deinen Namen. Nun *lebe* ihn!«

Sie hatten recht, ich kannte meinen Namen. *Hageneder* kommt von meinem bayrischen Großvater, im Altdeutschen bedeutet *Hagen-Eder* Wald-Ader, also ein Bach, der dem Wald Leben bringt. Geht man noch weiter zurück in der Geschichte, ist *Hagen* eben der Hag, der Hain, d. h., der einge*heg*te geschützte Heilige Hain, und *ader*, das Lebenbringende, kommt von *od*, der kosmischen Lebenskraft selbst. Wie das Kleinod in der tibetischen Lotosblüte (*Om mani padme hum*) ist das *od* im *hag* die Urquelle allen Lebens im Zentrum des heiligen Haines. *Fred* entwickelte sich aus *alf-red* oder *ælf-raed* = Elfenrat, Beschluß des Elfenrates. Mein Name bedeutet mir also »Es ist der Beschluß des Elfenrates, daß ich dem Wald Leben bringe und die Urquelle ehre«.

NUN LEBE IHN! sagten sie mir. Und sagen sie mir ständig.

Ich lächle zurück.

Fred Hageneder
Stroud, Großbritannien

Willkommen im Wald der Seele

Der Wald, das wissen wir aus der Märchen- und Traumforschung, ist das Bild für die Seele. Er ist durch und durch lebendig, vielgestaltig, farbig, energievoll und sich beständig erneuernd – wie die Seele. Er ist auch dunkel, undurchdringlich, endlos und hat seine Geheimnisse, wie die Seele. Wir können uns in ihm verlaufen ... Wir können aber auch nach dem Weg fragen, denn wir sind nicht allein!

Alle Wesen, die den Wald »da draußen« bewohnen, haben ihre seelische Entsprechung in uns. Vor allem wäre ein Wald kein Wald ohne Bäume: Die verschiedenen Baumarten sind gleichsam die Urkräfte, die in unserer Seele wirken. Wir haben an ihnen teil. Sie haben an uns teil.

In den alten Philosophien und Religionen war diese mystische Einheit von Mensch und Natur weit bekannt. Auch in der jüdischen Schöpfungsgeschichte, die dem Abendland (wenn auch verzerrt) in der Bibel überliefert ist, drückt sich das aus. Der ursprüngliche Mensch (hebräisch *Adam Kadmon* = das kosmische Menschenwesen) lebt im Paradies, und das bezeichnet wiederum einen *Daseinszustand*, keinen Ort an sich.

Der Paradiesgarten ist der ursprüngliche Wald der Seele, das Gartenelement hebt lediglich hervor, daß dieser »Ort« nicht mehr wild und gefährlich ist, sondern behütet und von göttlichem Licht durchdrungen. Der Paradiesgarten ist die Seele, mit der das Bewußtsein, das Ich (Adam) sich in vollständiger Harmonie befindet. Im Zentrum der Seele befindet sich das Höhere Selbst, der göttliche Funken. Im Garten Eden ist das der Heilige Baum. Er ist dreifältig:

- Als **Baum des Lebens** bringt er alle Kinder der Schöpfung hervor und *ernährt und heilt* sie. Dieser Aspekt wurde besonders von den alten Ägyptern (Hathor, die Himmelsmutter, lebt in der Sycomore, einer Feigenart) und den alten Persern (Zarathustra: »Er ist das All-Heilende«) verehrt.
- Als **Baum der Erkenntnis** hütet und gewährt er Einblicke in die Geheimnisse des Lebens und der höheren Welten. Dies machen sich insbesondere schamanische Kulturen zunutze. Und nicht nur im nordischen Mythos (Odins neuntägige Visionssuche im Baum) empfängt eine Gottheit die Macht der *Sprache* und der *Schrift* vom Heiligen Baum.

- Als **Weltenbaum** ist er die Weltenachse und die *geistige Urstruktur des Universums.* Dies wurde vor allem in den heiligen Schriften Indiens, den Veden, hervorgehoben: »Das Universum ist ein Baum, der ewig existiert ... Die reine Wurzel dieses Baumes ist Brahman, der Unsterbliche, in dem die drei Welten ruhen, den niemand erfassen kann, der das Selbst ist.« (*Katha Upanischad,* VI, I)

Der Baum der Erkenntnis

Orakel dienen der geistigen Suche und Neugier des Menschen. Sie sind daher Blätter am Baum der Erkenntnis. Dieser Baum verleiht überhaupt die ursprüngliche Schubkraft für die geistige Evolution des Menschen. Das Christentum hat dazu ein gespaltenes Verhältnis, womit es im internationalen Vergleich eher eine Ausnahme darstellt.

In der Genesis ist die Frucht des Baumes der Erkenntnis (im Hebräischen übrigens gar kein Apfel, sondern schlicht eine »Frucht«) verboten, und es bedarf schon des Widersachers Gottes selbst, um den (weiblichen Anteil des) ursprünglichen, kosmischen Menschen zu verblenden. Für die alten Kirchenväter war damit die Sache klar: Der Mensch ist schlecht, der Baum ist schlecht, die Frau gehört in die Küche, der Mann an die Macht und Bäume unter die Axt.

Doch einige tiefer denkende Personen und Kreise tappten gar nicht in die dualistische Falle von »Gut« und »Böse«. So finden wir bei C. G. Jung (»Psychologie und Alchimie«) alchimistische Darstellungen der Kreuzigung aus dem 17. und 18. Jahrhundert, bei denen nicht Jesus, sondern eine Schlange ans Holz genagelt ist. Der berühmte visionäre Maler und Poet William Blake (1757 - 1827) malte ein monumentales Aquarell mit der Symbolik, daß Jesus das Werk der Schlange fortsetzt und ergänzt. Die esoterische Bedeutung der Verbindung Jesus-Schlange-Luzifer besteht darin, daß bedingungslose Liebe ein *bewußter* Akt ist. Der Mensch *muß* ersteinmal zur Erkenntnis (»von Gut und Böse«) aufwachen, um überhaupt lieben zu *können.* Sonst befände er sich ja lediglich in einem instinktiven Dämmerzustand.

Außerdem wurde der Mensch »nach dem Ebenbild Gottes« geschaffen, also kann des Menschen Neugier und sein Ungehorsam ja keine allzu große Überraschung für den Schöpfer gewesen sein. Im Gegenteil, das Essen der

»verbotenen« Frucht gehörte von Anfang an zur Schöpfung dazu, denn erst durch den (wenn auch langen und schmerzvollen) Erkenntnisprozeß lernt der Mensch zu lieben. Und Gott, wie Paramahansa Yogananda, ein großer Wegbereiter zwischen Hinduismus und Christentum, sagt, »*will* unsere Liebe«!

Der »Abstieg« der Bäume

Aus sehr komplexen religiösen, sozialen, politischen und psychologischen Gründen hat der »Sündenfall« in der jüdisch-christlichen Geschichte den bekannten äußerst negativen Geschmack angenommen. Auch in vielen anderen Religionen und Philosophien der Welt finden wir Hinweise auf einen »Abstieg« in die körperliche Welt, aber ohne jegliche Verdammung und Erzeugung von Schuldgefühl.

In der Tradition der Navajo in Nordamerika zum Beispiel wird beschrieben, wie alle Menschen in der Urzeit reine Geistwesen waren, die sich dementsprechend frei durch Zeit und Raum bewegen konnten, wie auch durch die verschiedentlich »dichten« Dimensionen von Geist und Materie. Doch allmählich bildeten die Menschen emotionale Verhaftungen aus, die es ihnen immer schwerer machten, die rein körperliche Ebene wieder zu verlassen; bis sie schließlich – die SeherInnen, HeilerInnen und Schamanen ausgenommen – ganz in ihr feststeckten!

In der keltischen Überlieferung wird dieses Ereignis mehr als ein natürlicher Vorgang des Wechsels eines Zeitalters in ein anderes beschrieben: Die »Schleier zwischen den Welten« (dem Diesseits und der »Anderswelt«) wurden dichter, spontane Visionen und mystische Erlebnisse sowie »Entführungen durch Feen« wurden immer seltener. Verschiedenste philosophische Richtungen verstehen diese Phase des Abgeschnittenseins des Menschen in der materiellen Welt als einen wichtigen Abschnitt seiner geistigen Evolution – auf dem Weg zu größerer Bewußtheit und Liebesfähigkeit.

Das Absinken des menschlichen Seins aus dem Paradies in den untersten und materiell dichtesten Erfahrungszustand der Schöpfung findet sich auch in der altjüdischen Kabbala. Was ist nun die Rolle der Bäume dabei?

Eine überraschende Antwort finden wir ausgerechnet in dem Buch, aus dem bereits ab 621 v. Chr. (der Reform König Josiahs) die Hinweise auf Baumverehrung und heilige Bäume getilgt worden waren: dem Alten Testament.

Im elften Jahr des babylonischen Exils (etwa 581 v. Chr.) spricht der Prophet Hesekiel über den Baum des Lebens:

> »Welcher unter den Bäumen Edens war wie du in Pracht und Herrlichkeit? Und doch bist du mit den Bäumen Edens nach *Sheol* hinabgefahren.« (Hes. 31.18)

Sheol ist die althebräische Unterwelt, das Totenreich. Was hier gesagt wird, ist:

Im Paradies sind die Bäume Edens (und der unübertroffene Baum des Lebens im Zentrum) *unsterbliche Geistwesen.* Mit dem »Sündenfall« des Menschen steigen auch sie in die Materie hinab und *nehmen sterbliche Form an.* Da sie nicht »gesündigt« haben und auch heute noch nette Gesellen sind, die wesentlich weniger Schaden anrichten als der Mensch, können wir getrost annehmen, daß sie diesen Schritt f r e i w i l l i g unternahmen.

Naturgeister und Baum-Engel

Die Menschheitsberichte über die Hierarchien der Naturgeister sind weitestgehend deckungsgleich, obwohl sie aus völlig verschiedenen Erdteilen und einem Zeitraum von mehreren Tausend Jahren stammen (siehe »Das verborgene Leben der Natur« in *Geist der Bäume*).

Es gibt winzige Elementargeisterchen, die zu Abertausenden wie ein feinstoffliches Funkenheer durch das Feuer, die Luft, das Wasser oder das Erdreich wirbeln. Es gibt etwas langlebigere Wesen, die in begrenztem Umfang an architektonischen Aufgaben mitwirken, etwa der Ausgestaltung einer Blüte oder eines Insektenflügels. Diese könnte man als die geistigen Aspekte der Chromosomen oder chemischer Botenstoffe bezeichnen. Es gibt noch größere Wesen, die z. B. den gesamten Bauplan eines Baumes überwachen und dann auch mit ihm verbunden bleiben, solange er lebt. Diese wurden im alten Griechenland Dryaden genannt, und es gibt unzählige Geschichten darüber, wie solche Wesen erst protestieren und schließlich trauern und vergehen, wenn ihr Baum gefällt wird. Weswegen übrigens noch bis zur letzten Jahrhundertwende viele Holzfäller im Alpenraum den Baum am Abend zuvor um Vergebung baten! Der uralte Glaube sagt, daß die rechtzeitige Warnung der Dryade die Möglichkeit gibt, in einen anderen Baum (derselben Art) überzuwechseln. So kann sie ein längeres Leben führen und mehr Erfahrung und Weisheit ansammeln. Die »Verschmelzung« mit der Dryade des anderen Baumes ist überhaupt kein Problem, da diese Wesen kein Ich-Bewußtsein wie der Mensch haben* und ohnehin sehr im Ur-Grund der *Gruppenseele* ihrer Art verankert sind.

Diese Gruppenseele existiert unabhängig vom Leben und Sterben der einzelnen Bäume. Sie ist der geistige Ur-Impuls für eine Art, sie lebt außerhalb der vierdimensionalen Welt von Zeit und Raum. Sie ist ewig und unverletzbar. Die alten Seher Indiens bezeichneten diese Arten-Engel als

* Wenn ein Baum jedoch ein Alter von vielen Jahrhunderten erreicht, verdichtet sich sein Kraftfeld und sein Erfahrungsschatz so sehr, daß durchaus eine Art Selbst-Bewußtsein entsteht. Dies können wir jedoch nicht von jungen Bäumen erwarten. Die jungen Bäume brauchen alte Bäume für ihre volle Entfaltung – die durch (un-)menschliches Eingreifen heute kaum noch zugelassen wird.

Arupadevas. Zu einem gewissen Grad können sie mit dem Höheren Selbst des Menschen verglichen werden.

Aber das kann für uns kein Grund sein, nun die Füße hochzulegen und dem Artensterben zuzusehen, nach dem Motto: »Die *Wal-Seele* wird schon überleben, auch wenn ihre Tiere abgeschlachtet werden!« Um Gottes Willen! Das wäre so wie einen Menschen umzubringen und auf die wahrscheinliche Unversehrtheit seines Höheren Selbstes hinzuweisen. Die Engel der Arten wachen ja über diese und *leben* durch sie! Wir müssen alles Leben schützen und verteidigen, denn alles Leben ist heilig.

Über die Baum-Engel und ihr Wirken schrieb ich in *Geist der Bäume*:

> »Ein alter Baum ist so eindrucksvoll, nicht weil er so groß ist und ein starkes Kraftfeld hat, sondern weil er mehr Zeit hatte, die Gegenwart des Engels der Baumart dichter in die materielle Welt zu bringen. Die geistige Welt ist stärker gegenwärtig, und auch das Bewußtsein des astralen oder seelischen Wesens des Baumes (der Dryade) ist höher entwickelt als bei jüngeren Pflanzen. Diese Situation ermöglicht den einfacheren Naturgeistern wiederum, Materie noch vollkommener zu einem klaren Ausdruck der Alpha-Gestalt der Pflanze anzuordnen. Auf diese Weise manifestieren manche Bäume mehr als andere die geistige und seelische Ebene der Natur. Einige Orte im Urwald waren so intensiv mit Bewußtsein geladen, daß unsere Vorfahren jeder Kultur sie als heilige Haine ehrten. Nicht der Mensch hat jene Haine für heilig *erklärt* – sie *waren* heilig von Natur aus, indem sie die Einheit von Geist und Materie verkörperten.«

Baum-Orakel

Menschen aller Himmelsrichtungen haben Bäumen gelauscht und dadurch zu Erkenntnissen höherer Welten gefunden. Buddha saß in der Stille eines heiligen Pipalbaumes und erreichte die höchstmögliche menschliche Entwicklungsstufe. Das Eintauchen in die Stille des Baumes wird zu einem Pfad in die Stille der Ewigkeit. Vorbeigehende verstehen dies oft nicht und denken allenfalls, man würde den Blättern beim Rauschen lauschen. *Aber der Baum hat den Wind gar nicht nötig, um zu sprechen!* Der Vorbeigehende (und Vorbeidenkende) ur-teilt dann oft und hält den Suchenden für einen »Träumer« oder »Romantiker«. Den Suchenden, gerade erst sensibilisiert für feine Schwingungen und Signale, trifft die Geringschätzung des »Vorbeidenkenden« wie ein Schlag ins Gesicht, und jetzt gilt es, sich nicht auf den Holzweg zwingen zu lassen. Es kostet manchmal einige Übung, sich nicht den Schuh anzuziehen, ein nichtsnutziger romantischer Spinner zu sein, sondern statt dessen im eigenen Mittelpunkt zu bleiben und dem unbewußt und subtil Angreifenden verständnisvolles Mitgefühl zu gewähren (»Denn sie wissen nicht, was sie tun«) – ohne dabei in die Falle der eigenen Überheblichkeit zu tappen!

Prüfung bestanden? Gut. Sind wir ohne försterliche Verwarnung oder Hundebiß davongekommen, können wir unsere innere Arbeit wieder fortsetzen.

Es gilt, mit Bäumen zu *sein*, nicht, nur an sie oder über sie zu denken. »Sein« ist ein Bewußtseinszustand, eine Daseinsqualität, und ihre geistige Klarheit übertrifft den uns vertrauten alltäglichen Denkzustand um ein Vielfaches. Daher die große Bedeutung von Meditation. Denken bringt uns noch um den Verstand, und ein weiteres Buch voller Gedanken, auch wenn es sich ein »Orakel« nennt, ist nur ein weiterer Tropfen auf den heißen Stein. Ein Orakel-Buch kann daher nur eine Krücke sein, aber es kann trotzdem die Möglichkeit bieten, uns neue Impulse zu verschaffen und uns einem größeren Sein zu öffnen.

Viele Probleme existieren nur auf der Ebene unseres verfahrenen Weltbildes und lösen sich auf, oder wiegen zumindest wesentlich weniger, sobald wir etwas Abstand gewinnen zu unserem eingegrenzten Lebenskreis, unseren begrenzenden Ansichten und vor allem: unserem begrenzten Ich. Das alles nicht mehr so ernst zu nehmen, sich lächelnd zurückzulehnen und aufzublicken in eine sich sanft wiegende Baumkrone ist eine Ur-Erfahrung der Menschheit. Und je mehr wir imstande sind, unser eigenes Denken zu beruhigen, umso offener können wir sein für geistig-seelische Impulse aus anderen Sphären. Dann beginnt das *wirkliche* Orakel. Der Baum ist dabei der Vermittler, mitunter aber auch die *Quelle* der neuen Lebensimpulse.

Das Baum-Orakel, das Empfangen von Botschaften von Bäumen, wie auch der umgekehrte Weg, das Zurückgeben, sei es durch Sprechen, Singen, Segnen oder der Darbringung von Opfergaben, ist ein einfacher Teil des Lebens: *Das Lebendige kommuniziert miteinander und tauscht sich aus!* Das ist gar nichts Besonderes. Das hat auch mit Religion gar nichts zu tun, sondern nur mit Respekt. Und zugleich ist es etwas Heiliges und wurde von den Menschen seit alters her verstanden. Einige Kulturen oder Religionen haben das verteufelt und diejenigen unter ihnen, die heilige Bäume verbrannten, haben dasselbe auch anderen Menschen angetan. Baum und Mensch stehen und fallen gemeinsam. An ihren Früchten sollt ihr sie erkennen.

Das Baum-Engel-Orakel

Orakel-Sets, wie man sie heutzutage hübsch verpackt kaufen kann, haben natürlich alle den Sinn, den Menschen, die sie benutzen, betreffs gegenwärtiger Probleme oder Fragen ein paar neue Blickwinkel zu erschließen. Klassische Systeme wie die Runen, das I Ging oder der Tarot sind außerdem traditionsreiche, sehr ausgereifte Kosmologien, von denen man weit mehr lernen kann als nur, die eigenen kleinen Problemchen zu lösen. Das trifft auch auf das vorliegende Baum-Engel-Orakel zu, denn die Verehrung des Weltenbaumes und seiner Blätter der Erkenntnis reicht noch viel weiter in die Ur-Geschichte der Menschheit zurück als alle soeben erwähnten Systeme. Außerdem, und das ist der große Unterschied zu allen anderen Orakeln (außer den Tierkarten natürlich), sind Bäume lebendig!

Auch die Runen oder Symbole des Tarot und I Ging repräsentieren die Urkräfte des Universums und zeigen ihre Wirkung auf das menschliche Leben. Aber sie sind – zumindest in biologischem Sinne – tot. Wir ziehen unsere Karte, denken und fühlen darüber nach, ziehen dann unsere Schlußfolgerung (oder zucken mit den Schultern), und legen das Set wieder weg. Mit den Bäumen ist das anders. Wir legen das Set wieder weg, gehen aus dem Haus, und – da sind sie! Sie haben uns einen Rat gegeben, eine Hilfe geleistet. – Was geben wir ihnen nun zurück?

Dies ist der einzige Sinn des Baum-Engel-Orakels: Die uralte Freundschaft zwischen Mensch und Baum wiederherzustellen. Und Freundschaft ist eine Sache, die in beide Richtungen wirken muß. In der Vergangenheit hat der Mensch sie verraten, als er vergaß, daß man auch gibt und nicht nur nimmt. Aber es ist ja so bequem, wie ein Kind Krone der Evolution zu spielen und sich von allen Seiten bedienen zu lassen! Doch wenn du zu denen gehören möchtest, die endlich erwachsen werden wollen, erinnerst du dich an eine der natürlichsten und reinsten Regungen des menschlichen Herzens: der Dankbarkeit.

Alle Botschaften der Bäume, die du im Baum-Engel-Orakel findest, zeigen den *einen Wunsch der Baum-Engel an jeden von uns: daß wir glückliche, freie, liebende GRÜNE KRIEGER werden, denn in dieser Generation müssen wir für die Erde und alles Leben eintreten!*

Wie du das in deinem persönlichen Leben in die Tat umsetzt, bleibt dir überlassen. Zur Anregung aber findest du hinten im Buch ein paar Adressen von Gruppen, die Bäume pflanzen, schützen oder einfach lieben.

»Es gibt nichts Gutes, außer man tut es.«
Erich Kästner

Die Bäume selbst sind die Hüter des Planeten, und für das Bewußtsein der Baum-Engel gibt es keine Trennung zwischen dem Wohlsein von Bäumen, Tieren oder Menschen, der Reinheit des Wassers, der Luft und der Erde. Mögen sie alle gedeihen!

Die Auswahl der Baumarten

Wie so viele spirituelle Baum-Projekte der letzten Jahrzehnte beruht auch die Auswahl der am Baum-Engel-Orakel teilnehmenden Arten auf dem altirischen »Baumalphabet« (*Ogham*). Viele Menschen, z. B. druidische Gruppen, haben Baumkreise in ihre Gärten gepflanzt, die aus den 20 Bäumen des Ogham bestehen. Davon möchte ich übrigens aus zwei Gründen abraten: Erstens ist es höchst fraglich, Bäume mit völlig unterschiedlichen Ansprüchen an Boden, Bewässerung und Lichteinfall (viel zu) dicht nebeneinander zu pflanzen, und zweitens reflektiert das Ogham diejenigen Arten, die im Irland der Eisenzeit (!) von Bedeutung waren. Damals hatte z. B. die Buche ihren nacheiszeitlichen Rückweg nach Norden überhaupt noch nicht vollendet. Außerdem ist Irland ein klimatisch extremer Biotop.

Das Baum-Engel-Orakel hingegen soll überall in Europa (oder gar darüberhinaus) anwendbar sein. Inzwischen haben sich weitere Baumarten in der Landschaft eingefunden (auch und gerade durch die Mithilfe des Menschen), die ja dadurch nicht zu »schlechteren« Bäumen werden. Sollen wir erhabene Wesen wie die Pappel, den Bergahorn oder den aus China zu uns gekommenen Ginkgo aus unserem Leben und unseren Gebeten ausschließen, nur weil sie vor 2000 Jahren hier noch nicht wuchsen? Wie könnten ausgerechnet wir uns solch ein Urteil erlauben – wir, von denen niemand länger als etwa 100 Jahre auf Erden weilt?

Ich habe daher einige Pflanzen des Ogham (Schilf, Ginster, Heidekraut) um Verzeihung gebeten und ihre Plätze anderen zur Verfügung gestellt. Der

Andrang war sofort groß, und durch die Erweiterung auf 36 Karten konnten die wichtigsten Arten integriert werden, die über ganz Europa, ja im ganzen entsprechenden Klimagürtel der Nordhalbkugel, eine Rolle spielen. Die lebendige Landschaft ändert sich, und wir sollten ebenfalls nicht stillstehen.

Jede Region der Erde hat eine spezifische Baum- und Pflanzengemeinschaft, die das Klima und alle anderen Verhältnisse vor Ort (inklusive der ätherischen Kräfte), aber vor allem den geistigen Entwicklungsplan einer Landschaft widerspiegelt. Die Baumarten bilden dabei eine hohe Ratsversammlung. Daher sollten wir nicht einfach altirische Oghamkreise pflanzen, sondern erst einmal die natürliche Flora (und Fauna) unserer eigenen Region erkunden und dann ermitteln, was zu ihrem besseren Gedeihen wirklich erforderlich ist. Es gilt, den Hohen Rat unserer eigenen Heimat kennenzulernen!

Diese Würdigung der Regionalität ist natürlich auch im Baum-Engel-Orakel hochwillkommen! Das heißt ganz praktisch, daß es für manche Menschen oder einige Fragestellungen *durchaus akzeptabel ist, einige Karten beiseitezulegen*, z. B. die Mittelmeerbäume herauszunehmen, wenn man in Dänemark wohnt. Die Botschaften einzelner Bäume überschneiden sich ohnehin zum Teil, genau wie ihre Aufgaben in der Landschaft (= Seele).

Zur Benutzung des Baum-Engel-Orakels

Die Baum-Engel und ihre Botschaften sind sehr klar und kraftvoll. Es ist durchaus zu empfehlen, lediglich eine einzige Karte zu einer Fragestellung zu wählen. In diesem Kapitel werden zwar mehrere Möglichkeiten mit unterschiedlich vielen Karten vorgestellt, aber weniger ist mehr! Zumal wir uns ja gerade dann Orakeln zuwenden, wenn wir ohnehin schon verwirrt sind. Die Tiefe eines einzigen Baumes zu erkunden wird meistens mehr Früchte bringen, als zuviel auf einmal zu wollen.

Außerdem zeugt es von Respekt den Baum-Engeln gegenüber, wenn die Begegnung kostbar und individuell bleibt, anstatt sie per Massenabfertigung zu degradieren.

Das Wählen der Karte(n)

- Zuerst werden die Karten vom Fragesteller gemischt, wobei man an das Thema denkt. Je mehr man dabei das Thema auch *fühlt*, um so besser.
- Die Auswahl kann aus dem Stapel in der Hand erfolgen. Wer jedoch umgedrehte Karten in das Orakel mit einschließen möchte, verteilt die Karten nun auf chaotische und »zufällige« Weise auf einer Fläche wie Tisch oder Fußboden (natürlich alle mit dem Motiv nach unten).
- Das Auswählen einer Karte geschieht am besten, indem wir die Augen schließen und unsere Hände »spüren« lassen. Eine der Karten wird sich plötzlich »warm« oder »magnetisch« anfühlen, oder uns erscheint innerlich ein subtiles Bild oder Gefühl, während unsere Hand sie streift. Menschen mit geübter Intuition sind natürlich am besten dran!
- An Tagen, an denen wir uns sehr »un-handlich« fühlen, kann man es auch mit Numerologie versuchen: Man sagt sich »Ich mische die Karten jetzt noch *neun* mal, und die Karte, die nach dem neunten Mal oben liegt, ist es!« Die Neun ist die geeignetste Zahl für das Baum-Engel-Orakel, denn es ist die Grüne Neune, die Zahl der Erdgöttin. Aber natürlich kann es jede oder jeder mit der Zahl versuchen, die ihr oder ihm gerade am nächsten steht.

Die Texte
Die Erklärungstexte zu jedem Baum führen uns die Sphäre wieder vor Augen, in der er seit Menschengedenken wirksam ist. Wem einige Aussagen zu aus der Luft gegriffen erscheinen, wird in meinem Buch *Geist der Bäume* sämtliche historische und mythologische Belege finden, die er oder sie sucht.

Am Ende jedes Textes befindet sich ein kurzer Absatz, der beschreibt, welche Anzeichen und Zustände zutage treten, wenn die Lehren und Gaben eines Baum-Engels keinen Eingang in unser Leben finden. Wen das betrifft, der wird sofort verstehen, was gemeint ist. Außerdem können diese Hinweise als Erklärung dienen, wenn Karten »verkehrt herum«, also auf dem Kopf stehend, gezogen werden. Solch eine »Negativ«-Karte zeigt an, woran es mangelt. *Aber in keinem Fall ist die Energie eines Baumes negativ!* Negativ ist nur seine Abwesenheit bzw. unsere Weigerung, uns diesem Aspekt des Geistes zu öffnen.

Die eigentlichen Orakelsprüche sind nicht zum einfachen Herunterlesen da! Sie sollten bedachtsam und bedeutungsvoll gelesen werden. Wir sollten sie erst *hören,* bevor wir sie interpretieren. Oftmals gibt es Zeilen in der Mitte, die sich entweder auf die vorige Zeile oder aber mehr auf die nachfolgende Zeile beziehen, was jeweils andere Bedeutungsebenen erschließt. Deswegen sollten wir innerlich zwischen allen sieben Zeilen eine *gleichlange* kurze Atempause einlegen. Die Orakelsprüche sind nicht nur für unseren Verstand, sondern auch für unser Unterbewußtsein. Ihre heilende Wirkung jedoch kann man sofort spüren.

Die Legearten

Ein Baum für den Tag

Ob du ein Problem oder eine Frage hast, oder ob du einfach eine Affirmation für den Tag oder die Woche möchtest, einen Verbündeten, einen geistigen Wegbegleiter – die Wahl auf einen einzigen Baum-Engel zu beschränken, gibt dir einen Leitgedanken, eine Richtung, einen Fokus. Sie kann auch auf den Charakter des tieferliegenden Stromes der Lebenskraft hinweisen, der gerade jetzt in deinem Leben wirkt. Das hat wahrscheinlich etwas länger Gültigkeit als nur einen einzigen Tag. Du wirst spüren, wenn die Thematik ausläuft und in eine andere übergeht.

Bei Fragen zur Partnerschaft können natürlich beide Partner je eine Karte ziehen, die dann auf diejenigen Aspekte hinweist, die stärker in die Beziehung eingebracht werden sollten, um diese erfüllter zu gestalten.

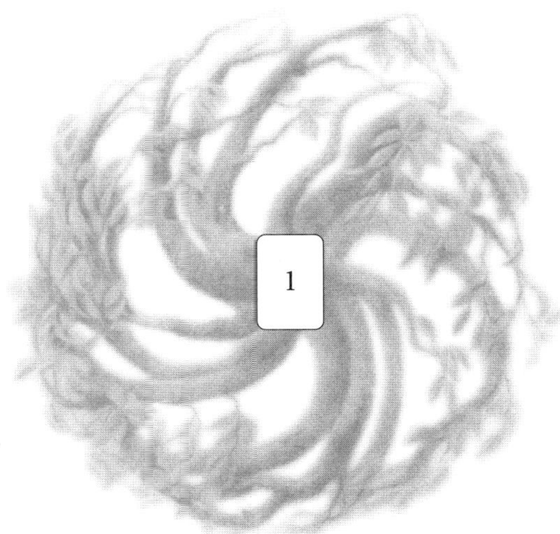

Die stillen Wächter

Überall im Wald gibt es energetische Tore zwischen zwei Bäumen. Das trifft zwar nicht immer zu, wenn man zwischen zwei Bäumen hindurchgeht, aber es gibt sie. Diese Tore sind verborgen, weil sie überhaupt nicht anders aussehen als der freie Raum zwischen allen Baumpaaren. Aber wenn du sensibel bist, spürst du plötzlich, daß es angebracht ist, vor dem Hindurchgehen durch eine unsichtbare Scheidewand gleichsam den Hut abzunehmen und um Einlaß zu bitten. Du kannst natürlich einfach so hindurchstiefeln wie die meisten Spaziergänger auch, aber erwarte dann nicht, jemals den Geheimnissen des Waldes zu begegnen.

Auf ähnliche Weise kommen wir auch in unserem Lebensfluß an Tore, die den Durchgang in eine neue Lebensphase darstellen. Das geht manchmal wie von selbst, aber andere Male hängen wir fest, wir können noch nicht ganz loslassen und haften an einigen Zuständen oder Annehmlichkeiten der Phase, die eigentlich energetisch schon vorüber ist. Dann brauchen wir Hilfe.

Die beiden Baumgeist-Wächter an diesem Tor halten dich gleichsam an je einem Arm und helfen dir über die Schwelle.

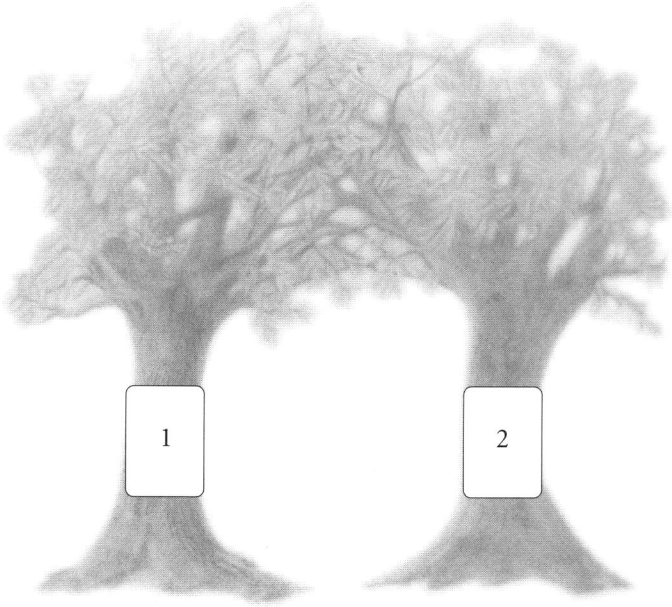

Die Weltensäule

Bei gewichtigeren Themen bietet sich die Legeart der Weltensäule an. Sie umfaßt drei Ebenen und kann auf drei verschiedene Weisen gedeutet werden:

1. Der persönliche Lebensbaum

Die erstgewählte Karte (im Zentrum) repräsentiert dein bewußtes Ich, die zweite Karte (unten) deine körperliche Ebene, die dritte Karte dein höheres Selbst.

2. Yggdrasil

Hier repräsentiert die Weltensäule den Weltenbaum Yggdrasil. Die drei Karten sind die Nornen, die die Schicksale der Welt auf ihrem Webstuhl weben. Der erste Baum-Engel ist der Segen für deine Gegenwart, der zweite repräsentiert die Kräfte der Vergangenheit, denen du jetzt noch zu danken hast, daß sie dich bis hierhin gebracht haben, und die dritte ist die Kraft, um die du dich bemühen mußt, um deine Zukunft zu segnen.

3. Die Große Göttin

Hier zeigt die Weltensäule drei weibliche Archetypen, die in jeder Frau und jedem Manne lebendig sind. Die erste Karte ist die Rote Göttin, die den universellen Tanz der Gegensätze im Gleichgewicht hält. Sie segnet deine Gegenwart. Die zweite Karte ist die Schwarze Göttin: Sie kennzeichnet das Sterbende, daß sich zu neuem Leben wandelt. In diesem Bereich verwandelst du deine Trauer und deinen Schmerz. Der Baum-Engel in dieser Position hilft dir bei der Transformation. Die dritte Karte ist quasi das Licht am Ende des dunklen Tunnels, sie repräsentiert die Weiße Göttin, die deine Neugeburt in der Zukunft segnet. Hier erscheint der Baum-Engel, der deine Unschuld bewacht und der dir Inspiration und Orientierung im neuen Lebens-Raum gibt.

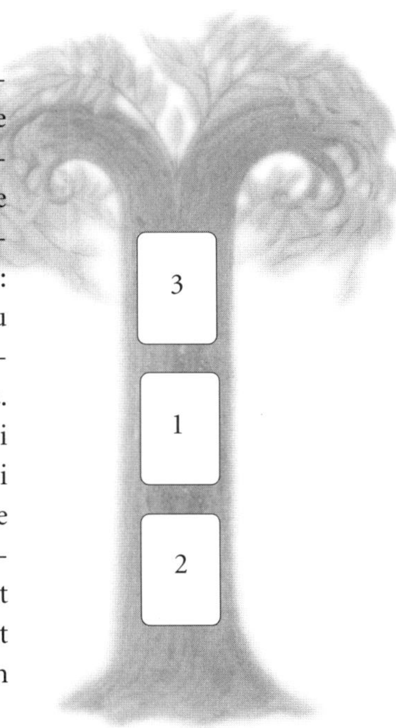

Der Baum der Erkenntnis
Hier sucht man geradezu die Auseinandersetzung mit der Dualität. Die Eins ist deine Mitte, der Punkt, an dem du jetzt stehst, deine jetzige Situation, bzw. derjenige Aspekt deiner Selbst, der dich hierher geführt hat. Die beiden anderen Karten repräsentieren die Weggabelung, einen Scheideweg. *So* kann man es machen oder auch *so*. Je unvereinbarer diese beiden Möglichkeiten scheinen, umso besser: Wenn du den Baum der Erkenntnis als Legeart gewählt hast, willst du gerade den Reiz der Reibung auskosten.

Also lebe damit und denke darüber nach, du alter Philosoph! Erst am nächsten Tag oder noch später kannst du – falls es dann überhaupt noch nötig ist – eine vierte Karte finden, die die SYNTHESE der involvierten Kräfte darstellt und damit den Prozess zu einem Abschluß bringt.

Anmerkung: Der Baum der Erkenntnis hätte potentiell zehn Positionen (wie der kabbalistische Lebensbaum). Wir belassen es jedoch bei drei (bzw. vier), weil die höheren Erkenntnisebenen ohnehin nicht mit einem Kartenorakel erreicht werden können. Dazu bedarf es tiefgehender und kontinuierlicher spiritueller Praxis wie Kontemplation, Meditation, Gebet, Visionssuche usw.

Das UR-Tor

Diese Legeart hat zwei Wächterbäume, einen zu deiner Linken und einen zu deiner Rechten, genau wie bei den oben beschriebenen *Stillen Wächtern.* Aber das UR-Tor (es sieht aus wie ein umgekehrtes U) hat eine besondere Aufgabe: Es ist der Eingang zum Weg in die Unterwelt. Wie uns viele Mythen der Welt mitteilen, ist eine Reise in die Unterwelt nicht ganz ungefährlich. Die beiden Wächter bleiben daher nicht am Tor stehen, sondern werden deine Begleiter – wenn du sie einlädst! Eine dritte Karte repräsentiert den Baum-Engel, der als Glücksstern über der ganzen Expedition steht. Er behält vor allem den Kontakt zu deinen beiden Begleitern.

Diese Reise sollte nicht einfach zum Spaß ausgeführt werden, sondern nur dann, wenn es entweder dein persönlicher Lebenslauf gebietet (z. B. vor einer gravierenden therapeutischen Sitzung, insbesondere Rückführungen oder innere Visualisationsreisen) oder wenn es in Harmonie mit dem Jahreskreis geschieht, z. B. zu Samhain (Allerheiligen), um die Seelen der Ahnen zu ehren, oder in der Nacht der Wintersonnenwende, um sich der Erdgöttin hinzugeben (in der uralten angelsächsischen Einweihung z. B. blieb man drei Nächte und Tage in einer geheiligten Höhle, um am 24. Dez. mit der Sonne »wiederaufzuerstehen«).

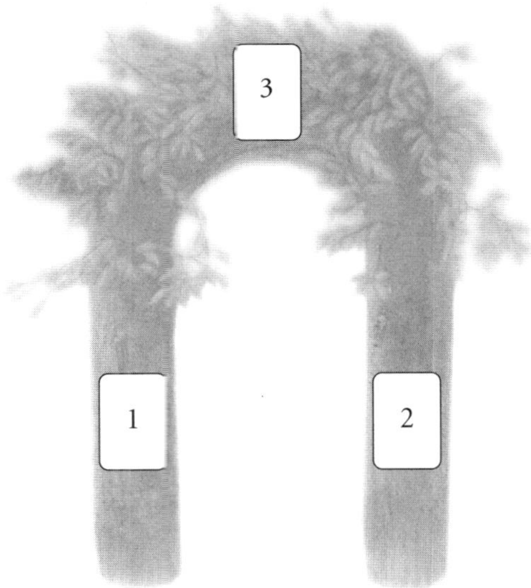

Das Medizinrad

Menschen, die mit den Traditionen der nordamerikanischen Eingeborenen oder denen der Druiden arbeiten, sind wohlvertraut mit dem Medizinrad. Es wird oft mit Steinen oder anderen natürlichen Dingen auf dem Boden ausgelegt oder einfach im Ritual durch die Anrufung und Segnung der vier Himmelsrichtungen verwirklicht. In der christlichen Tradition gibt es dafür die Namen von vier Erzengeln, die uns an allen vier Seiten beschützen:

»Gabriel vor mir
Raphael hinter mir,
Michael zu meiner Rechten.
Uriel zu meiner Linken.«

Wer sich mit den Bäumen vertrauter fühlt, kann natürlich auch Baum-Engel in eine Medizinrad-Zeremonie integrieren.

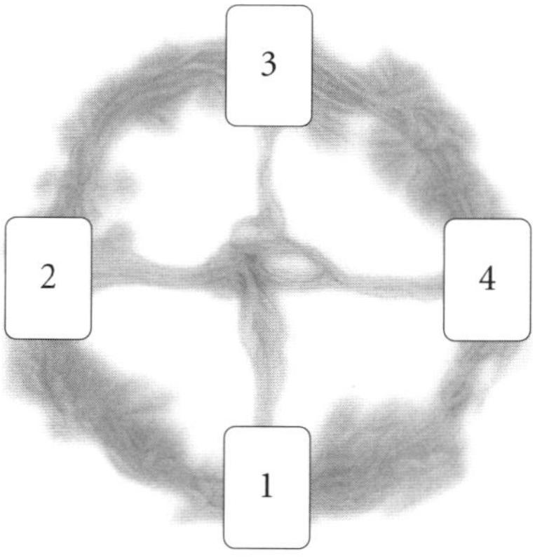

Der All-Umhegende Weltenbaum

Dies ist die große Legeart, die nur zu ganz speziellen Anlässen verwendet werden sollte. *Es ist ein Schutz- und Heilgebet für andere.* Wenn ein geliebter Mensch krank ist und du vor Sorge nur nervös im Zimmer auf- und abschreitest, oder wenn ein alter Baum oder ein wunderschönes Waldstück bedroht ist, kannst du diese Legeart benutzen, um deine Aufmerksamkeit aufrechtzuerhalten und die Kraft deines Gebetes zu fokussieren. Der All-Umhegende Weltenbaum ist dazu da, um Segen auszusenden!

Er ruft einen Hohen Rat aus sieben Baum-Engeln zusammen, die du bittest, die Liebe deines Gebetes zum Nutzen der Heilung oder Rettung zu tragen. Das Symbol des sechsstrahligen Sterns ist die uralte Darstellung des Weltenbaumes in seinem allnährenden und allheilenden Aspekt.

Im Zentrum des Segenskreises befindet sich das Lebewesen, um das du dich sorgst. Auf diese Position legst du die erste Karte, die zeigt, welchen Baum-Engel du als schützend über ihm/ihr schwebend visualisieren kannst.

Die Karten 2 und 3 entsprechen der Legung der Weltensäule *Irminsul.* Karte 2 weist entweder auf die Vergangenheit oder auf die körperliche Ebene hin oder auf die geistigen Ursachen der Bedrohung. Der Baum der dritten Karte schenkt Inspiration und Licht.

Die folgenden vier Karten repräsentieren die vier Richtungen des Medizinrades. Sie haben eine tiefere Bedeutung, aber für Heilungszwecke nimm sie einfach als Segen aus den vier Himmelsrichtungen. Zusammen mit den anderen bilden sie einen machtvollen Schutzkreis.

Warum stehen Bäume auf nur einem Bein?

Weil sie mit dem zweiten in der Ewigkeit wurzeln.

O BIRKE

Die Birke ist die uralte und doch ewig junge Amme des Lebens. Ihr Geist ist ein Funke der Urmutter, die alles Leben gebiert und hütet. Sie hellt die Landschaft auf und ebenso das Gemüt. Sie tröstet, indem uns ihre anmutige Jugend an die ewige Erneuerungskraft der Natur erinnert. Wir fühlen uns selbst wieder verjüngt. Alles verwandelt sich, wenn der richtige Zeitpunkt gekommen ist. Es ist nie zu spät für einen Neuanfang! Und genau das ist ihre Botschaft.

Ihre Energie hilft dir, das Alte loszulassen, dich zu läutern und frohgemut neu zu beginnen. Halte nicht fest an überholten Vorstellungen, Schuldgefühlen oder Verklemmungen. Befreie dich von den Erwartungen anderer als auch von deinen eigenen Ansprüchen. Du bist so viel mehr als das begrenzte Bild, das du von dir hast. Verbirg nichts, hab keine Angst. Fließe mit dem Wandel und schwinge im Licht und in der frischen Brise. Erneuere dich!

Dort, wo die Gaben der Birke verweigert werden, kommt es zu Erstarrung und Versteifung, zur lähmenden Kraft von Gewohnheiten und der Angst vor Veränderung. Bei chronischer Abwesenheit erscheinen Verfall und Vergiftung, Dogmatismus und Halsstarrigkeit im mentalen und Krankheiten wie Rheuma im körperlichen Bereich.

– Das Orakel –

Du stehst nackt im Lichte Gottes
Neugeboren. Unschuldig.
Gehe tief in dich, leere dich
Dann öffne die Augen und siehe!
Vertraue deinem Herzen
Und gehe die ersten Schritte
In eine neue Welt.

1 ESCHE

Die Esche ruft uns zu unserer wahren Meisterschaft, zur vollen Entwicklung und Ausübung unserer Talente und Kunstfertigkeiten. Dazu gehört natürlich erst einmal die (Aus-)Bildung und Übung und auch die Weiterbildung, denn ein wahrer Meister steht nie still. Aber vorrangig bringt die Esche das Geschick und den Ideenreichtum, den wir benötigen. Ihr Energiefeld stärkt den Willen und die Tatkraft und schenkt Elastizität und Motivation. Wir gewinnen praktischen Sinn und Schläue, ja Gerissenheit, sowie Beredsamkeit.

All dies führt natürlich zu großer Effektivität und verheißt Erfolg! Egal, was wir angehen, wir können es schaffen! Aber vergiß in deinem Ehrgeiz nie, daß die Esche ein ausgesprochener Sonnenbaum ist, und die Sonne repräsentiert unser innerstes Zentrum. Stelle also sicher, daß deine Ziele im Einklang mit deinem innersten Wesen stehen! Sonst strahlst du vielleicht wie die Sonne, aber verbrennst die Menschen in deiner Nähe. Hüte dich vor Arroganz!

Ohne die Esche machen sich Ungeschicklichkeit und Dummheit breit. Fehlende Kreativität und Könnerschaft werden ersetzt durch Regeln und Vorschriften, hinter denen man die eigene Unsicherheit verstecken kann. Auf gesellschaftlicher Ebene führt das zu ausgeprägter Bürokratie. Fehlende Motivation führt zu Kraftlosigkeit und Langeweile, die Sonne verschwindet, mit ihr die Farben und Kontraste, und alles versinkt in fadem Grau.

1

ESCHE

– Das Orakel –

Seit Anbeginn der Zeit
Ist dir alles gegeben
Was du zu deiner Entfaltung benötigst
Impuls, Talent und Zeit zur Übung.
Vervollkommene deine Kunst!
Alle Tätigkeit
Ist Liebe in Aktion.

2 WALNUSS

Die Walnuß ist eine der Urmütter in ihrer Eigenschaft als Ernährerin. Auf der körperlichen Ebene schenkt sie die Nüsse, und ihr geistiges Geschenk ist Weisheit. Der Einklang mit dem Walnußengel erhöht unsere Weitsicht, unser Verständnis, unsere Sensibilität und unser Einfühlungsvermögen. Dies schafft wiederum eine gesunde Basis für unsere Urteilskraft und unseren Gerechtigkeitssinn. Mit Hilfe der Walnuß ziehen wir die richtigen Lernschlüsse aus unseren Erfahrungen und gelangen zu Reife und einem tiefen Erfassen des Lebens und seiner Gesetze. Seit alters her wurde die milde Kraft dieses Baumes als ein wichtiger Beitrag zu unserer geistigen Entwicklung geehrt.

Ohne die Walnuß handeln wir kurzsichtig, voreilig und oberflächlich. Ignoranz und Grobheit gewinnen die Oberhand, und das führt schnell zu Unverständnis und Ungerechtigkeiten. Das Ergebnis sind allzu oft Konfrontation, Streit und Kriegszustände, die allesamt vermeidbar wären.

2

WALNUSS

– Das Orakel –

Warte und betrachte!
Lausche und erfahre!
Kein Urteil, keine Handlung
Jede Münze hat zwei Seiten
Jedes Problem hat drei Lösungen.
Finde den Weg
Der langfristig alle nährt.

3 HOLUNDER

Der Holunder ist gleichsam der vielgepriesene Mutterbusen der Natur. Der ausgesprochene Reichtum an Blütendolden im Frühsommer und an dunklen Beeren im Herbst macht für jede/n sichtbar, daß sich hier das Prinzip von Fülle und Entfaltung, von Fruchtbarkeit und Wachstum verkörpert. Und die typischen Farben des Holunder – das Weiß der Blüten, das Schwarz der Beeren und das tiefe Rot ihres Saftes – sind seit alters her die drei Farben der Großen Göttin. Sie, Frau Holle, die Holde, schenkt uns Nahrung und Gesundheit und auch im übertragenen Sinne reichen Ertrag, Zufriedenheit, Gelassenheit, ja ein Gefühl der Glückseligkeit, das aus großer Tiefe heraufströmt. Wir wissen, daß Mangel eine Illusion ist und können mit vollen Händen unser Glück und unsere Erträge teilen.

Wenn wir das jedoch nicht mit klarem Kopf und reinem Herzen tun, kann das in Verschwendungssucht und Prahlerei ausarten oder in Übergewicht und Bequemlichkeit.

Verschließen wir uns diesem holden Fluß, so erleben wir Hemmung, Blockierung, Stillstand, Leere, inneren und äußeren Mangel. Aus unstillbarem Hunger und zwanghafter Begierde entwickeln wir Gier und Neid gegenüber anderen. Psychische Beklemmung und mangelndes Selbstwertgefühl sind weitere Resultate. Es drohen Krankheit und Unglück. Auf kollektiver Ebene spiegelt die zunehmende Mißachtung des Holunders und seiner Gaben die wachsende Verehrung des Gottes Mammon und die schamlose Ausbeutung anderer (Völker und ihrer Bodenschätze).

3

HOLUNDER

– *Das Orakel* –

Vertraue der Fülle
Die dein Geburtsrecht ist
Und das eines jeden Wesens.
Teile mit vollen Händen
Gib freudig
Und der Fluß wird wachsen.
Verwandle die Wüste!

4 STECHPALME

Die Stechpalme sticht! Das mag uns unwillkommen sein, aber es ist ein Stich, der uns anstachelt, ein Impuls, aufzuwachen. Wie die klar umrissenen Konturen der scharfrandigen Blätter dieses Baumes können wir plötzlich verschiedenste Dinge klar sehen und unterscheiden. Wir erleben vielleicht schmerzliche Ent-Täuschung, aber gleichzeitig gewinnen wir eine neue, uns bis dahin unbekannte Kraft. Wir führen das Schwert der Wahrheit und zerteilen beherzt die Schleier der Illusion, die uns bisher umgaben. Wir entwachsen unseren Zweifeln und erkennen mit neuer Scharfsicht, daß das Leben viel reicher und komplizierter ist als bloß schwarz-weiß oder »gut« und »böse«. So kennzeichnet der Ilex oft einen Übergang, einen Wendepunkt in unserem Leben. Wir gewinnen neue Energie und auch eine tiefere Integrität als Person.

Wenn es sein muß, können wir in eine (geistige) Schlacht ziehen, und völlig unabhängig davon, ob wir äußerlich gewinnen oder verlieren, mit der Stechpalme an unserer Seite bleibt uns dabei immer eine geradezu königliche Würde zu eigen. Aber Obacht! Das heilige Schwert ist uns nur anvertraut, um es zu unserer eigenen Wahrheitsfindung einzusetzen! Wir dürfen damit nicht im Leben anderer herumfuchteln. Es ist nicht da, um zu verletzen, sondern um zu *erkennen!* So bedeutet der Ilex auch eine Prüfung unserer selbst.

Ohne die Kraft der Stechpalme verbleiben wir in dumpfer Vernebelung, Illusion, Verblendung und Einbildung. Wir richten uns bequemlich ein in unserer künstlichen Welt und suchen nur unseren eigenen Vorteil. Letztlich werden wir charakterschwach und feige.

– Das Orakel –

Kläre deine Absichten
Entlarve deine Ängste
Vertraue deiner Inneren Führung
Und fasse Mut!
Das Schwert durchtrennt die Schleier
Die Wahrheit hat Stacheln
Unbarmherzig und liebevoll.

5 EBERESCHE

Wenn wir uns im Energiefeld der Eberesche wahrhaft öffnen, trifft uns höhere Inspiration wie ein Blitz! Ob diese Eingebung deine innere Stimme ist, die deines Höheren Selbst oder deines Engels, ob es die Stimme des Baumes ist oder die Stimme Gottes, bleibt dabei im Lichte verborgen, denn schon bist du aufgesprungen, um deine Ideen in die Tat umzusetzen: Du schreibst, malst, komponierst – was auch immer in deinem Herzen widerhallt. Hier analysieren wir nicht, wir tun.

Wir erleben uns als freudige und willige Werkzeuge im Einklang mit dem großen Fluß des Seins. Es strömt durch uns. Die Erkenntnis, was zu tun ist, bringt Verwirklichung. Und die Ergebnisse unserer Kreativität haben immer einen hohen Grad an Authenzität und Originalität (allerdings nicht automatisch an Meisterschaft, dafür brauchen wir langes Lernen sowie den Segen der Esche). Wir müssen uns jedoch davor hüten, uns völlig vom Strom der Eingebung mitreißen zu lassen und dadurch unsere Pflichten im Leben zu vernachlässigen.

Die tiefe Inspiration aus dem Inneren birgt ein weiteres Geschenk, das letztlich noch wichtiger ist als die Kreativität. Wir erlangen eine tiefe Bewußtheit unserer Identität, und das schützt uns vor allerlei Gefahren der Welt, z. B. Rollenspiele zu spielen, aufzuschneiden, andere zu manipulieren oder selbst manipuliert zu werden. Mit der Eberesche im Bunde bleiben wir uns – sozusagen spielend – selbst treu.

In Abwesenheit des Engels der Eberesche bleibt unser Leben ideenlos und irgendwie »unecht«. Der Mangel an Originalität führt zu Plagiatismus, Ideendiebstahl, Klischeedenken und ebenso zu Langeweile, innerer Leere und Depression.

5

EBERESCHE

– Das Orakel –

Gewohnheit droht
Selbstbild und Routine lähmen
Der Fluß kommt ins Stocken.
Lausche! Vernimm den Ruf!
Folge deiner Eingebung
Und Tag für Tag
Wirst du schöpferischer werden.

6 WEISSDORN

Der Weißdornengel entstammt der vollkommenen Einheit des Seins. Alle Gegensätze sind aufgehoben und das, was wir »männlich« und »weiblich« nennen, befindet sich in tiefster mystischer Verschmelzung und zugleich in höchster Ekstase. In seiner Verkörperung zeigt sich das unter anderem in den zweigeschlechtlichen Blüten des Maienbaumes – die denn auch bei keiner Maien-Hochzeit fehlen dürfen.

Doch beim Herabsteigen in die dichteren Schichten des Seins, namentlich in die körperliche Existenz, wo die Urkraft sich in ein Vielfaches auffächert, bedarf die Schwingung der Einheit des Schutzes, der Abgrenzung vom »Groben«. So ist der Weißdorn mit seinem dichten Gezweig und wehrhaften Stacheln eine typische Heckenpflanze. Er ist der Hagedorn, der Ein- und Umhegende. Aber er schützt nicht nur Weiden und Äcker, sondern auch die heiligen Stätten der Menschen, die Orte, an denen wir durch Ritual und Gebet den Einklang mit der Einheit des Lebens suchen. Er ist dabei nicht der Baum des Lebens im Zentrum des paradiesischen Gartens, sondern wirkt bescheiden als Schutzkreis, er ist einer der Feuerringe des Mandalas, die alles Unreine verbrennen, so daß es keinen Einlaß in den Hag findet.

Wenn der Weißdorn auf dich zutritt, so wie hier, steht das Tor jedoch offen. Der Pfad zum Mysterium liegt vor dir, du bist eingeladen, näherzutreten. Du bist für »würdig« befunden worden – obwohl hier niemand urteilt. Es ist einfach eine Frage, mit welchen Kräften deine persönliche Schwingung in Resonanz steht! Das Mysterium, das im Weißdorn-Tempel vollzogen wird, ist das der heiligen Ehe im alchimistischen Sinn: wahre Liebe und Partnerschaft.

Zuwendung, Mitgefühl und Sanftheit sind die Geschenke, die der Weißdorn jeder und jedem zu bringen vermag. Schutz und Stabilität, Verbindlichkeit und Treue entwickeln sich daraus.

Fernab der Kraft des Weißdorns entstehen Entfremdung und Gleichgültigkeit sowie Unzuverlässigkeit, des weiteren Ablehnung, Untreue und Betrug, bis hin zu Bruch und Zerfall.

6

WEISSDORN

— *Das Orakel* —

Die Erfüllung deiner Liebe
Ist bereitet für dich
Und du ersehnst sie
Wie das Wasser des Lebens.
Die Heilige Hochzeit erscheint am Horizont
Doch suche nichts im Außen
Was du nicht auch in dir erweckst!

7 EICHE

Kaum ein Wesen trägt solch ein Maß an Lebenskraft und Vitalität in die Biosphäre ein wie der Eichenbaum. Menschen aller Zeiten spürten dies sofort, und ganze Kulturen suchten seine Gegenwart. Sie gewannen selbst große Kraft durch diesen König der Bäume und benutzten sie leider nicht immer nur zum Siedeln, sondern auch für Krieg und Eroberung. Der Eichenbaum ist dem Mars zugeordnet, der heute oft vorschnell mit »Kriegsgott« assoziiert wird, aber ursprünglich und für lange Zeit war Mars der Gott des Ackerbaus und der Schutzgeist von Haus und Hof. Lediglich zu Verteidigungszwecken entwickelte sich der kriegerische Aspekt. Dieses breite Spektrum paßt zur Eiche, denn ihre Energie ist weitgehend neutral, und es liegt an uns, was wir damit anstellen.

Das Geschenk des Eichenengels ist eine Fülle an Energie und Dynamik. Erfolg und Gelingen stellen sich ein, wir werden zuversichtlich, und nicht nur unsere Gesundheit wird aufgebaut, sondern auch unsere Willens- und Durchsetzungskraft. Wir können kämpfen, wenn wir müssen, oder diejenigen, die uns lieb und teuer sind, schützen und versorgen. In jedem Fall gewinnen wir eine geradezu königliche Integrität.

Ohne die Segnungen der Eiche regieren Trägheit, Angst, Erschöpfung, Schwäche, Faulheit und allgemeine Mutlosigkeit. Fehlschläge und Mißerfolge dräuen in jeder Richtung. Auf gesellschaftlicher Ebene zeigen sich rückgratloser Opportunismus und blinder Gehorsam, Krieger werden zu Soldaten und Bauern zu Beamten. Bei völliger Abgeschnittenheit artet das aus zu Düsternis und Depression, in den schlimmsten Fällen zu Betrug und Verrat.

7

EICHE

– Das Orakel –

Der Quell aller Lebenskraft
Nährt deine tiefste Wurzel
Dynamik, Wille, Durchsetzungskraft –
Die Welt gehört dir!
Aber das Geheimnis des Gelingens
Ist Fürsorge für diejenigen, die weniger Kraft haben,
Und Zärtlichkeit auch im Groben.

8 ESPE

Die Zitterpappel ist einer der geistigen Krieger, mit ihr lehren wir unsere Feinde das Zittern! Dabei zittern wir selbst auch, aber – wie die Espe – nicht aus Angst, sondern weil wir uns vor lauter Frohsinn kaum noch halten können! Der Witz bringt uns fast um den Verstand, auf jeden Fall aber die anderen, es sei denn, sie sind auf unserer Seite. Und der Überläufer werden immer mehr, denn wer kann sich schon unserem Witz und Charme, unserem entwaffnenden Scharfsinn und unserer ansteckenden guten Laune entziehen?!

Unser unschlagbarer Humor macht uns so unangreifbar wie einen Tai-Chi-Meister. Wir haften an keiner festen Position und keiner Routine. Wir sind unvorhersagbar und fließen mit dem Chaos (wie mit der Ordnung). Diese große Flexibilität entspringt einer immensen geistigen Freiheit, denn die Espe ist dem Windgott noch näher als die (Weiß- und Schwarz-)Pappel. Der Himmel ist weit – und erfüllt von unserem glucksenden Lachen! Kaum nötig zu erwähnen, daß unser froher Scharfsinn eben auch eine fantastische Urteilskraft bewirkt sowie einen grandiosen Ideenreichtum. Aber auch daraus machen wir uns nichts.

Bei so viel geradezu buddhistischem Nicht-Haften sind wir wahrscheinlich sogar der Erleuchtung nahe – doch auch der Gedanke, daß irgendein Mensch erleuchteter sein sollte als ein anderer, ist bei weitem zu lachhaft, um weiter verfolgt zu werden.

Ohne die Espe: Ojeh! Ojehojeh! Auch das noch, das hat mir gerade noch gefehlt! Steif, unflexibel und übellaunig. An Routine und erstorbener Moral klammernd – die sollte man an die Wand stellen! Schau dich doch selbst an! Halsstarrig. – Was?! Ich und feindselig?! Hau doch ab, oder ich zieh dir das Fell über die Ohren!!!

– Das Orakel –

Leichter als die Brise
Schwebt der Funken des unsterblichen Geistes
Über den Wassern des Lebens.
Nichts ist so lächerlich wie das eben Gesagte.
Das Universum folgt den Ewigen Gesetzen
Und du schaust zu
Und machst dir in die Hose.

9 HASEL

Seit Jahrtausenden gehört der Haselstrauch zu den beliebtesten Pflanzen überhaupt. Und warum? Weil die Nüsse so gut schmecken, du Dummkopf! Menschen sind gar nicht so viel anders als Eichhörnchen: herumhüpfende Leckermäuler. Und der Hasel ernährt sie alle gut …

Der Engel dieser Pflanze fördert ein gesundes Maß an Sorglosigkeit, Spontaneität und vor allem Verspieltheit. Wir erwecken unser inneres Kind, und sein helles Lachen hallt wider von den großlappigen, flappigen Blättern. Es erfordert vielleicht ein gewisses Maß an Innenschau von uns, das Kind erst einmal zu finden, aber wenn wir uns in ihm wiederentdecken, öffnen sich unsere Sinne für die Wunder des Augenblicks und den Zauber der Welt! Die Weisheit der Einfachheit wird uns zu eigen. Unser spielerischer Umgang mit allem macht uns spontan und flexibel – und glücklich.

Mehr kann ich wirklich nicht dazu sagen, ich will jetzt auch spielen gehen.

Hier noch schnell meine Stichworte für das Trauerspiel, wenn der Haselengel und das innere Kind eingeschlossen bleiben: Vergreisung, Sinnesverlust, Gefühlskälte, innere Leere, Angst, Selbstmitleid.

Dann doch lieber aufbrechen. Eichhörnchen, ich komme!

9

HASEL

– Das Orakel –

Das Spiel und die Sinnlichkeit
Haben ihren Wert
Und Lieder der Freude
Entwaffnen die Zeit.
Trau dich und spring!
Packe das Leben mit beiden Händen
Öffne dich dem Zauber der Welt!

10 WACHOLDER

Die Sphäre des Wacholder ist ernst. Doch es ist ein schöner Ernst, die würdige Aufmerksamkeit und Beobachtungsgabe, die Geduld und Hingabe des geistigen Kriegers, der allein auf der Heide steht und Wache hält. Der Wind zaust an ihm, eine Feder fliegt vorbei, er blickt in die Weite und sieht doch alles.

Es gibt Zeiten des Handelns und Zeiten des Abwartens. Nicht, daß der Wach-Holder nur passiv wäre, aber im Verharren ist er Meister. Er hält aus, er hält durch, ohne Leid und ohne Selbstmitleid. Er kennt das Schicksal, weil er es spürt, und er ist eins mit ihm. Er fügt sich in das Unvermeidliche, nicht aus Aufgabe sondern aus Hingabe! Er dient einer Sache, für die er sein Leben geben würde, ja, für die er sein Leben bereits gibt. Er schenkt. Ohne Hintersinn, nicht aus Gefallen. Er schenkt, weil er liebt, doch er zeigt es nicht. Seine Bereitschaft ist größer als jeglicher persönliche Wunsch, und er ist *immer* bereit, auch wenn er stillhält.

Wenn der Wacholderengel dich berührt, wird Aufgabe zu Hingabe. Du erfüllst. Und du bist erfüllt. Himmlische Geduld und unsagbare Ausdauer, Zähigkeit und Beharrlichkeit sind dein, sowie unbeirrbare Unnachgiebigkeit.

Ohne ihn bleibt nur Starrsinn, Trotz und Dickköpfigkeit. Wir rennen gegen Windmühlen an, weil wir nicht unterscheiden können, was wir ändern können und was nicht. Wir verschwenden Energie. Wir sind widerwillig. Und ohne Hingabe werden wir arrogant und überheblich.

– Das Orakel –

Vorausschreiten und Verharren
Wie das Leben es gebietet
Es gibt ein Gleichgewicht
Zwischen Schicksal und dem Veränderbaren.
Gib auf, was nur Ballast ist
Doch sei hartnäckig und zäh auf deinem wahren Weg
Nicht Aufgabe sondern Hingabe.

11 LINDE

Der Engel der Linde ist eng verbunden mit einer der wichtigsten Urkräfte in der menschlichen Seele. Es ist der Impuls des natürlichen Gleichgewichts, des Strebens des Universums nach Ausgleich: nach wirklicher Harmonie und wahrem Gleichgewicht, in dem alle Wesen gedeihen können. Darum werden Linden auch so alt. Darum sind Linden auch so heilkräftig. Darum waren Linden auch die Rats- und Gerichtsbäume der alten Völker.

Im Geist der Linde schwingst du dich ein auf dieses tiefe, allem zugrundeliegende Gleichgewicht. Auf der körperlichen Ebene kümmerst du dich um Pflege und Vorbeugung, um Heilung – eben Linde-rung! – und Gesundheit nicht nur deines eigenen Körpers, sondern auch der anderen Menschen, Tiere und Pflanzen. Auf der persönlichen Ebene wirst du um so heiterer und gelassener, je tiefer du dein Leben auf diesem ur-gründigen Gleichgewicht aufbaust. Du solltest dich aber immer auch aktiv bemühen, diesen Zustand zu erhalten. Er bringt letztendlich eine große Kraft mit sich, die in den alten Legenden vom Lindwurm, einem Drachen also, versinnbildlicht ist. Der Drache ist die lebendige Erdkraft, und sein Blut macht unverwundbar.

Gesellschaftlich zeigt sich die Kraft dieses Engels vorrangig in sozialer Gerechtigkeit und einer würdevollen, humanitären Justiz als auch in Wohltätigkeitsverbänden.

Die Kraft der Linde ist zu elementar, um völlig von der Erdoberfläche zu verschwinden. Wäre sie nicht mit aus dem Garten Eden in die körperhaften Bereiche der Schöpfung hinabgestiegen, würde die Erde physisch nicht eine Sekunde lang existieren!

Doch da, wo die Menschheit ihre – inneren! – heiligen Lindenhaine zerstört hat, folgen die schlimmsten Grausamkeiten: himmelschreiende Ungerechtigkeit, Rassismus, Gnadenlosigkeit, Angriffskriege auf künstliche Feindbilder, skrupellose Geheimdienste und Folter. Auch im privaten Bereich sieht es ohne den Segen der Linde nicht schön aus: Vorurteile und Streit, Mißbrauch aller Art, Herzlosigkeit, Verwundung. Die Gesundheit leidet unter Energieverlust und chronischen Beschwerden.

– Das Orakel –

Bewege dich behutsam im Erdenrund
Bewahre dein Gleichgewicht …
Achte die Stille und das sich Wandelnde
Die Würde des Großen Ganzen.
Bringe Heilung den Herzen
Und Heil allen Wesen
Die Kraft des Drachen wird dein.

12 SCHWARZDORN

Auch der Schwarzdorn ist ein Wächter. Er hütet die Schatten, er bewahrt die dunklen Geheimnisse. Doch jetzt ruft er dich! Es ist an der Zeit, dir ein Herz zu fassen und auf das Dunkle Tor zuzugehen. Für deinen Abstieg in das Schattenreich will der Engel des Schwarzdorn dir Kraft und Stärke geben. Im vergangenen Zeitalter wurde er zu Unrecht mit den Dämonen verwechselt, die er in ihren Grenzen hält. Im Gegenteil! Nur ein Wesen von vollkommener Reinheit kann gefahrlos die Kerker bewachen.

Der Schwarzdorn erscheint uns als ernster, saturnischer Busch, dessen undurchdringbares Gestrüpp vielen Vögeln Schutz bietet und dessen außerordentlich lange Stacheln uns leicht verletzen können – Wunden, die sich überdurchschnittlich oft entzünden. Doch im April, wenn er noch vor dem Ergrünen blüht, scheinen seine Anmut und seine Feinheit durch.

Der Ruf des Schwarzdorn hat immer eine Dringlichkeit, es geht um eine ernste Angelegenheit. Du stehst am Beginn einer Phase, in der deine inneren Dämonen – deine eigenen Schattenseiten! – dich lenken wollen wie eine Marionette aber du die Chance hast, dich zu befreien. Hierfür segnet dich der Engel mit großer Stärke und dem Mut, den du brauchst, um in den Spiegel deiner Seele zu blicken. Der Engel schützt dich, indem er dich an seiner Reinheit und Unschuld teilhaben läßt. Ob du die Reise überhaupt allein machen kannst oder die Hilfe eines Freundes, Ratgebers oder Therapeuten brauchst – das herauszufinden liegt jedoch bei dir. Seine Botschaft ist, daß ein Wendepunkt gekommen ist und du nicht mehr länger ignorieren darfst, was einst beiseitegedrängt wurde.

Der Schwarzdorn verspricht inneren Sieg, die Zeichen stehen gut! Nichts kann dir geschehen, denn du wirst Licht ins Dunkel tragen und alte Wunden mit Liebe und Vergebung heilen. Hab keine Angst vor dem »Bösen«! Die einzige Gefahr besteht darin, aus Angst nichts zu unternehmen, denn dann können die Schatten weiterhin unerlöste Anteile von dir in Fesseln halten.

Der Schwarzdorn hilft uns, das Dunkle ans Licht zu bringen. Sonst wird es noch dunkler. Er dient dem Gleichgewicht der Kräfte. Ohne ihn verfallen wir in Verleugnung und Lüge, Feigheit und Grausamkeit und schließlich Perversion und Unmenschlichkeit.

12

SCHWARZDORN

– Das Orakel –

Die größten Gefahren der Welt
Verborgen in deinem Inneren.
Stelle dich den Schatten!
Nur deine Angst gibt ihnen Kraft.
Laß dein Herz erglühen
Kleide dich in Weißes Licht
Und heile die Wunden!

13 EIBE

Die Älteste der Nornen. Die Schicksalsweberin lebt an der Urquelle, im Urgrund, bei der erstgeborenen Wurzel des Baumes der Ewigkeit. Hier entspringt auch jener Regenbogen, der die Welten verbindet. Und am Fuße des Regenbogens liegt der sagenumwobene Schatz: die Weisheit, die ewige Jugend, und das Geheimnis der Ewigkeit: nicht endlose Vergangenheit, nicht endlose Zukunft, sondern endlose Gegenwart!

Der Engel der Eibe ist so tief in der Zeitlosigkeit verwurzelt, daß sein Baum es spielend schafft, selbst das Alter der ältesten Linden noch um ein Vielfaches zu übertreffen. Schon in der Steinzeit war die Eibe ein Abbild für Ewigkeit, für den ewigen Wandel, für die Selbsterneuerungskraft der Natur. Sie ist der Schoß der Großen Göttin, aus dem alle Wesen geboren werden und in dem alle Wesen nach ihrem Tod zu neuem Leben verwandelt werden. Weil die Eibe die Seelenführerin ist, wurde sie seit jeher auf Grabstätten angepflanzt (und angerufen).

Die Botschaft der Urmutter Eibe im Baum-Engel-Orakel ist Transformation. Sei bereit, dich zu erneuern (ob in dieser oder in jener Welt), über dich selbst hinauszuwachsen. Was zählt wirklich – im Angesicht des Todes? Und selbst der Tod verliert seinen Stachel im Lichte der Liebe. Nur der wahre Wandel – von Liebe verursacht – ist von Bedeutung. Sogar auf welcher Seite der Schwelle zum Jenseits er sich ereignet, ist zweitrangig.

Dies ist die beste Nachricht aller *Zeiten:* Wir alle sind sicher und geborgen im *ewigen* Wandel der Liebe!

Doch ohne den Impuls der Eibe, alle Aspekte des Lebens in Proportion zu Tod und Ewigkeit zu sehen, verlieren wir uns, mitunter vollständig. Wo die Liebe das Bewußtsein nicht mehr erreicht, wird es von Angst verseucht. Angst vor dem Tod – wie vor dem Leben!, Angst vor dem Unbekannten, der Dunkelheit, der Zukunft, Angst vor Erkenntnis, Angst vor dem Wahren Ich … So flüchten wir uns in Ablenkungen aller Art, werden vergnügungs- oder konsumsüchtig und betäuben die allgegenwärtige Angst mit Versicherungsverträgen oder Drogenmißbrauch.

– Das Orakel –

Der Tod ist nur ein Tor
Auf unserer langen Reise durch die Ewigkeit
Doch wenn deine Stunde kommt
Möge er dich lebendig finden!
Jeder Augenblick, jede Begegnung
Ein einzigartiges, wundervolles Geschenk.
Was zählt wirklich im Leben?

14 FELDAHORN

Der Feldahorn ist ein Feldarbeiter. Bescheiden erhebt er sich über die Erde und verrichtet sein Werk. Kennst du den Feldahorn, weißt du, wie seine Blätter und Früchte genau aussehen? Die meisten werden »Nein« sagen müssen, und das ist genau seine Lektion über das Dienen: Man zählt nicht auf Anerkennung oder Ruhm, man tut ganz einfach, was getan werden muß. Weil Arbeit sichtbar gewordene Liebe ist. Wer sich auf diese Weise mit dem Feldahorn in Einklang bringt, erwirbt sich ganz wie von selbst eine Fülle wunderbarer Tugenden: Organisationskraft, Vorausschau, Ehrlichkeit, Zuverlässigkeit, Sinn für die Praxis, Effizienz usw.

Gesellschaftlich gehören gutes Management, gerechte Arbeit und gerechte Vergütung, Fairness, Teamwork und Jobsharing in die Sphäre des Feldahorn. Oder ganz einfach Fleiß und Tatendrang! Und jetzt lege bitte das Buch zur Seite, höre auf, die hübschen Karten anzuschauen – und krempel die Ärmel hoch!

Verschließen wir uns dem Impuls des Feldahorns, versinken wir in unerledigten Aufgaben – die uns allerdings bald nicht mehr stören, weil wir vor dem Fernsehgerät eingeschlafen sind. Auch für gelegentlich aufkommende Gefühle der Überforderung oder Fluchtbedürfnisse finden wir erstaunlich schnell bequeme Ablenkungen. Auf sozialer Ebene jedoch stellen sich Despotismus, Ausbeutung und moralischer Verfall ein sowie im Briefkasten ein Übermaß an Werbesendungen, vor allem dubiose Gewinnspiele.

14

FELDAHORN

— Das Orakel —

Handle! Erfülle das Werk!
Du hast die Hände und die Worte,
Die Kraft und den Verstand.
Zeit zur Verwirklichung.
Webe die Liebe in alle Strukturen
Säe für das Morgen
Die süßesten Früchte für die Kinder.

15 ULME

Der Engel der Ulme durchstrahlt den Bereich der Kommunikation und des Austausches. Hier geht es bei weitem nicht nur um Austausch unter seinesgleichen – und schon gar nicht um den sinnentleerten Informationsversand des Computerzeitalters! –, sondern um wahre und aufrichtige Kommunikation *über Grenzen hinaus.* In der Aura der Ulme musizierte der griechische Mythenheld Orpheus für alle Tiere, unter ihren Blättern wurden Totenfeiern abgehalten, in ihrer Gegenwart begegneten sich Menschen, Mystiker und Naturgeister und ihre Abgesandten.

Wirkliche Begegnung ist nur möglich, wenn alle Beteiligten unvoreingenommen und respektvoll sind. So entsteht der Raum für Verständnis, Mitgefühl und Versöhnung.

Die Ulme steht auch in Beziehung mit dem Grünen Mann, dem mächtigen Hüter des Waldes, der alle seine Bewohner schützt. So wie er mal als Zwerg und mal als Riese verkörpert den Wald durchstreift, gibt es auch bei der Ulme eine Spur von Verschmitztheit und Abenteuer.

Natürlich ist es nur ein »Zufall«, daß im 20. Jahrhundert die Verbreitung der Telekommunikation parallel zum Holländischen Ulmensterben verlief. Aber jedes Mehr an Technologie trübt den Blick des Menschen dafür, daß die technischen Errungenschaften lediglich ein schwacher Schatten unserer ursprünglichen geistigen Fähigkeiten sind (z. B. Telefon statt Telepathie). Heute gibt es weniger *tiefe* Gespräche denn je, weil die Magie vieler *lebendiger* Begegnungen ständig durch klingelnde Handys zerrissen wird: Niemand ist mehr vollständig gegenwärtig, sondern immerzu halb andernorts; wir sehen uns nicht mehr in die Augen …

Der Engel der Ulme stellt einen rigorosen Qualitätsanspruch an deine Beziehungen zur »Außenwelt«. Die Welt ist ein Spiegel: wie Innen, so Außen. So wie du mit dem Schwarzdorn nach Innen gehst und Anteile deiner Seele erlöst, gehst du mit der Ulme nach außen. Ihre Botschaft ist die Saat aller wahrhaftigen Kommunikation: *Du kannst allen Wesen als Teil deiner Selbst begegnen!* Wenn du das wirklich gelernt hast, wird das diesem Engel, der noch um seine toten alten Bäume weint, eine Freudenträne schenken.

Ohne Ulme leben wir in einer Welt, die von Hochmut und Selbstsucht, Umweltvernichtung, Materialismus und Gier, Feindbildern und Krieg beherrscht wird. Und von schrecklicher Vereinsamung.

15

ULME

— Das Orakel —

Ohne Tiere werdet ihr an Einsamkeit sterben,
Ohne Ahnen ohne Wurzeln,
Ohne uns ohne Zukunft.
Wachet auf und lauscht!
Wachet auf und sprecht!
Das Sterbende zieht sich in sich selbst zurück
Das Lebendige tauscht sich aus.

16 SCHWARZPAPPEL

Mit der Schwarzpappel kommt ein frischer Wind in dein Leben. Du kannst schnell und flexibel handeln, auch dein Geist wird beweglicher. Dies ist nicht die Zeit, zu zögern, sondern zu bewegen – dich, die »Dinge«, vielleicht sogar andere.

Die Pappel ist ein Baum des Luftelementes und des Merkur, des geflügelten Götterboten. Auch geistig kommen neue Impulse und Ansichten auf dich zu. Atme tief (erst aus, dann ein) und genieße die neue Freiheit, die entsteht, wenn du über deinen alten Horizont hinausblickst. Gehe auf das Neue zu! Achte auf Botschaften, insbesondere auf solche aus der Ferne.

Reite die Welle, wie sie kommt! Tanze im Wind und bleib dabei fest verwurzelt wie der Baum.

Und noch etwas: Trinke viel reines Wasser und verdunste viel – wie die Pappel! Das Wasser reinigt dich und schwemmt auch auf der körperlichen Ebene alten Ballast fort. Das Verdunsten (also Schwitzen) ruft nach Sport oder aktivem Yoga (etwa Kundalini-Yoga oder Baum-Yoga*), womit wir wieder beim Thema Bewegung sind. Vielleicht hast du es aber auch mal nötig, bei Regen und Sturm rauszugehen, dir auf das Brustbein zu trommeln und dir irgendetwas von der Seele zu schreien – auch Sprache und Gesang gehören zur merkurialischen Sphäre der Pappel.

Ohne die Pappel kommt es zu Stockung und Versumpfung, auch im übertragenen Sinne.

* siehe Seite 110

16

SCHWARZPAPPEL

— *Das Orakel* —

Frischer Wind weht Altes fort.
Botschaften aus der Ferne.
Die Kreise, die du ziehst,
Reichen weiter, als du denkst
Und in deinem eigenen Leben
Findest du Echos weit entfernter Taten.
Blicke über den Horizont!

17 LÄRCHE

Die Lärche ist ein sehr außergewöhnliches Wesen. Sie verbindet große Kraft und Stärke mit zauberhafter Anmut und Schönheit. Sie bringt Licht wie ein vom Himmel gefallener Stern. Sie schenkt dir geistige Klarheit und spirituelle Einsicht, Inspiration und Einstimmung in die Gesetzmäßigkeiten der Natur. In den Alpen, dem natürlichen Verbreitungsgebiet der Lärche, sahen die Menschen früher oft die »Saligfräulein« unter diesem Baum, anmutige elfenartige Wesen, die den Menschen und Tieren freundlich gesonnen sind. Ganz in Weiß oder Silber gewandet, tanzen sie unter den alten Bäumen und Bergen und lassen den süßesten Gesang erklingen. Wer ihnen begegnet, vergißt es nie.

Die Lärche kündet dir von unerwarteter Hilfe. Der neu gefundene Einklang vergrößert deinen natürlichen Respekt, und deine liebenswürdige Haltung zieht weitere Wesenheiten und Kräfte auf den Plan, die dir ebenfalls hilfreich zur Seite stehen werden. Lasse deine Augen funkeln, wenn du ihnen begegnest!

Wenn wir der Lärche unsere Achtung versagen (und ihre Fällung dulden oder ihre Erniedrigung in reißbrettförmigen Monokulturen), wuchern Würdelosigkeit und totale Verblödung. Ignoranz, Unausgeglichenheit und dunkle Niedergeschlagenheit führen schließlich zu ernsthafter Depression, innerer Leere und gegebenenfalls Alkoholismus.

17

LÄRCHE

– Das Orakel –

Dein Stern ist aufgegangen
Und er wird dich nicht verlassen.
Glück und Inspiration
Kraft und Ausdauer.
Sei bereit und öffne dich
Für die Rhythmen der Jahreszeiten,
Die tragende Erde und das Licht des Firmaments.

18 SILBERWEIDE

Die Silberweide ist der Baum des Mondes und des weiblichen Zaubers. Auch Hellsichtigkeit, Heilkunst, Musik und Magie gehören zu ihrem Bereich. Hexen tanzen unter diesem Baum, aber für Männer ist genauso Platz unter dem weiten Blätterdach der alten Weide.

Der Mond ist voll und rund und flüssig, und alles bewegt sich in kreisförmigem Rhythmus. Tief und mitreißend beben die Trommeln. Spüre deine Wärme, dein Feuer, laß deine Lust erwachen, dein Ja-Sagen! Zum Rausch, zur Ekstase. Streichle den Mond, streichle die Weide, springe durch den Wald, lasse deine Finger durch duftendes Fell gleiten. Fühle die seidene Berührung auf deiner eigenen Haut, die Luft, das Wasser, das Licht, den Körper des/der anderen. Küsse das Leben! Öffne den Mund und jauchze! Tanze schneller, weihe dein kochendes Blut dem göttlichen Willen. Fühle die Ekstase aufsteigen. *Deine Freudentränen können die Erde heilen!* Wenn sie im Boden versickern, folge ihnen mit deinem Bewußtsein, während deine Füße zum Herzschlag der Erde stampfen. Die Göttin erwacht – und du mit ihr!

Auch in der Stille und Bewegungslosigkeit pulsieren deine Einge-weide mit dem Baum. Es ist Zeit, einander zuzuhören; den Träumen mehr Beachtung zu schenken; Mitgefühl zu zeigen; der eigenen Hellsichtigkeit zu vertrauen; Geistheilung oder Reiki und andere Formen des Energieaustausches zu betreiben.

Doch ob in Stille oder in Bewegung, die Silberweide bringt immer einen Schwung Selbstbefreiung – gepaart mit Enthusiasmus, Verzückung, und manchmal lustvoller Wildheit.

Kommt die Kraft der Weide in uns nicht zur Entfaltung, neigen wir dazu, die Vernunft überzubetonen. Wir haben Bedenken gegen einfach alles und ermangeln Mitgefühl und Verständnis (– aber sogar entspannte Logik ist ohne entspannende Wildheit kaum möglich). Männer verlernen die Begegnung und verstecken sich hinter Pflichten *(workaholic)* und lächerlichen Statussymbolen (Autos). Frauen »erkranken« am Hygienevirus (Küche, ultraweiße Wäsche), vertreten plötzlich starre Wert- und Moralvorstellungen und ergehen sich in Klatsch (auch boshaft). Allgemein macht sich Langeweile und Lustlosigkeit breit. Stimmungsschwankungen und Selbstmitleid sind weitere Anzeichen von Ent-weidung.

18

SILBERWEIDE

– Das Orakel –

Bedenke nicht, frage nicht – Tanze!
Bewege dich durch das Leben
Wie ein Wassertropfen
Fallen – Fließen – Aufsteigen – Treiben.
Vergiß deine Grenzen
Fliege – Tauche – Renne – Halte inne!
Doch immer reflektiere das Licht.

19 KIEFER

Die Kiefer oder Föhre ist ein Pionierbaum, der größte Vielseitigkeit bei der Verwirklichung seiner Aufgaben an den Tag legt. Ob in sibirischer Kälte oder südländischer Hitze, ob in Halbwüsten, an hohen und steilen Berghängen oder in der salzigen Luft der Meeresküsten – überall strecken Kiefern (identisch mit Pinien, botanisch heißen sie alle *Pinus*) ihre eigenwilligen Äste und Nadeln aus und produzieren dabei noch reichlich Zapfen, deren Samen einen hohen Nährwert haben. Im Wald ist die Kiefer ein geselliger Baum, der sich gern vergesellschaftet (d. h. mit anderen Arten mischt, außerdem ist die Kiefer der einzige Baum, den die Eiche willentlich nahe an sich heranläßt).

Wikingerhäuptlinge wie die mächtigen Krieger des alten Schottland wollten den Kiefernengel weder im Leben noch im Kampf noch bei ihrer Bestattung missen. Doch eigentlich ist die Kiefer selbst ein Krieger – und zwar der größte von allen! Sie strotzt vor Lebenswillen und Ausdauer und kann sowohl engelhaft geduldig sein als auch blitzschnell zuschlagen, wenn es angemessen ist.

Sie schenkt dir Klarheit und Anpassungsfähigkeit, aber auch ein erstaunliches Maß an Kreativität und Ideen für eigene Wege. Synthese ist eine ihrer übergeordneten Stärken, auch Direktheit und Aufrichtigkeit. Erfolg, ja Triumph sind oft auf ihrer Seite, aber nur, weil sie auch ein gehöriges Maß an Verantwortungsfähigkeit besitzt. Ihr Geheimnis ist ihre Loyalität und Hingabe an die höheren Ziele des großen Ganzen. Wenn wir das nicht im Auge (und Herzen) behalten, beginnen wir unweigerlich, ihre Gaben zu mißbrauchen und werden schamlos und arrogant.

Ohne Kiefer können wir nicht mehr zubeißen! Wir werden zaghaft und unentschlossen, verwirrt und unsicher. Orientierungslos verirren wir uns in den Schluchten der Furcht. Schluchz!

19

KIEFER

– Das Orakel –

Beharrlichkeit und Geduld
Ausdauer erfordert Mut
Zweifel verdunsten im Feuer der Hingabe
Der Strom der Lebenskraft schwillt an.
Der geistige Krieger weiß genau, was er tut
Er dient einer Sache
Die größer ist als er.

20 APFEL

Seit undenklichen Zeiten hat der Apfelbaum den Menschen Freude – und Gesundheit – gebracht. Als Mitglied der Rosenfamilie trägt er die Geheimnisse der Erde (Reichsapfel). Und er verbindet sie auf das Vollkommenste mit den strahlenden Durklängen der Sonne. Auch in der Artussage taucht der Apfel auf: als Schutzbaum von Avalon, der Insel der Ewigen Jugend.

Davon können wir jederzeit selbst einen Hauch erleben: Kannst du dich an den kurzen Moment erinnern, bevor du in einen Apfel beißt? Wenn du ihn sanft in der Hand wiegst, drehst und wendest, um zu entscheiden, von welcher schönen Seite du deine Speise beginnen willst? *In diesem Moment* bist du frei von deiner gesamten Vergangenheit, und es gibt keinen Raum für Gedanken an die Zukunft. Du befindest dich, ohne es zu wissen, in tiefer Meditation: Es gibt nur das Hier und das Jetzt, dich und den Apfel. Und die *Freiheit* der Entscheidung, dir die schönste Seite des Lebens auszusuchen.

Dies ist die Gabe des Apfelbaumes: Du findest deine Mitte, deine innere Sonne, dein Selbstvertrauen, dein Selbstwertgefühl. Er hilft dir, dich zu erlösen: von Schuldgefühlen, von deinen Bürden, deinen Erinnerungen. Kannst du den lieben langen Tag so leben?

Versuche es zumindest. Wenn du öfter durch das Tor des Jetzt zu schreiten lernst, wird Avalon dir vertrauter werden, denn die Insel der Ewigen Jugend existiert nicht ausschließlich im Jenseits. Das Goldene Zeitalter ist nah!

Ohne den Segen des Apfelengels bleiben unsere Tage eher fruchtlos. Wir finden keine Erlösung von unserer Schuld, unseren Bürden und Sorgen. Wir leiden an mangelhaftem Selbstwertgefühl, und irgendeine Form von Unterdrückung reibt uns auf. An uns nagt der Zahn der Zeit.

20

APFEL

– Das Orakel –

Gesundheit und Freude
Das Licht des Regenbogens
Dein ur-eigenes Selbstvertrauen
Wiedergeboren und golden.
Die Ewigkeit im Jetzt
Ein Hauch der Ewigen Jugend –
Das Versprechen der treuen Sonne.

21 FICHTE

Wenn du eine Fichte genau von oben betrachtest, wird dich das sternenförmige Muster der Zweige an eine Schneeflocke erinnern. Diese strengen Nadelbäume scheinen fast eher in den Bereich der Geometrie und Mathematik als der Biologie zu gehören. Auch ihre stark zusammengezogenen Blätter (die Nadeln eben) sind den Lebensprozessen ihrer Umgebung eher abgewandt und erscheinen geradezu »introvertiert« im Vergleich mit den Blättern der Laubbäume, die großflächig in den Raum hinausgreifen.

Diese ausgeprägte saturnische Verdichtung bewirkt natürlich auch eine außergewöhnliche Klarheit und Bündelung von Energie. Wenn in den alten Sagen ein mächtiger Berggeist wie Rübezahl seine Muskeln spielen ließ, waren es durchweg Tannen und Fichten, mit denen er um sich warf! Nichts anderes war seiner Kraft würdig. Und umgekehrt konnte nichts und niemand die Baumältesten der Gebirge fällen – außer den Naturgewalten selbst.

Die Kraft der Fichte bleibt dem Austausch zwischen Himmel und Erde geweiht. Sie ist eine wichtige Antenne für kosmische Kräfte. Die Erde empfängt diese mit Hilfe der Bäume und spiegelt die Harmonie des Universums und die Sphärenmusik unter anderem in den Strukturen des Kristallwachstums tief im Gestein. Die Fichte vermittelt zwischen den Welten. Sie läßt sich nicht weiter auf die Ebenen menschlicher Belange »herab«, und so fühlen wir uns schnell einsam und verlassen im Fichtenwald – wie ein warmes Tier im Kristallwald. Es bleibt uns nur übrig, über uns selbst hinauszuwachsen!

Das Geschenk der Fichte ist die Einstimmung in die höheren Sphären. Die Erweiterung deiner persönlichen Grenzen. Es ist eine Einweihung in die Harmonie des Ganzen, des Flusses des Tao, die dir große Integrität und Macht verleiht. Sei ihrer würdig!

Die Fichte weicht nach wie vor alpinen Skipisten oder fristet als Schatten ihrer selbst ein Sklavendasein in Monokulturen. Dort spüren wir genau die Isolation und Einsamkeit, die die Einkerkerung des Geistes der Fichte mit sich bringt. Der Mensch verkauft den Segen des Himmels und erhält dafür Enge, Entkräftung, Machtlosigkeit, Pessimismus und Dunkelheit.

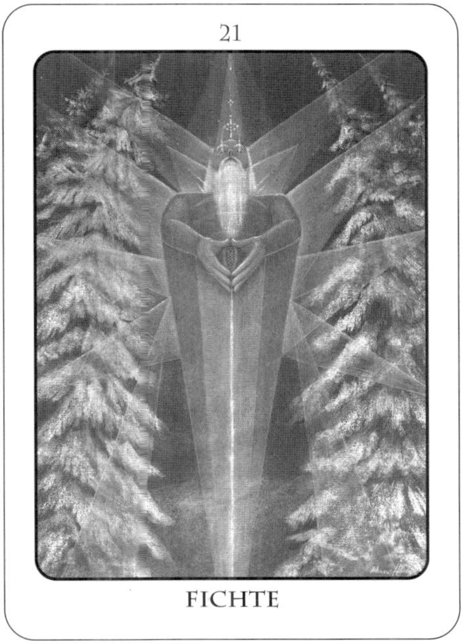

– Das Orakel –

Die Weite des Alls
Die Tiefe der Erde
Sie strömen durch ein Nadelöhr
Das Geheimnis des Lebens
Oben und Unten durchdringen sich
Und schaffen Leben
Die Begegnung ist vollkommen.

22 EFEU

Im Baum-Engel-Orakel ist der Efeu der einzige Baum, der seinen senkrechten Wuchs, sein Rückgrat sozusagen, aufgegeben hat. Das erlaubt ihm, zu ranken und zu klettern, zu kriechen und zu umfließen. Er gelangt an Orte, die anderen unzugänglich bleiben. Er schützt andere Bäume, er bedeckt häßliche Ruinen und die Wunden der Erde. Hoch in den Kronen anderer Bäume nimmt der Efeu das Licht auf, das das Blätterdach ungenutzt hindurchgelassen hat. (Nach vielen Jahren kann Efeu seinem Gastbaum zwar auch Licht »wegnehmen«, aber das kommt selten vor und nur in Wäldern, die – vor allem durch zu hohen Eintrag technischer Strahlungsfrequenzen – im Ungleichgewicht sind.)

Der Engel des Efeu läßt dich teilhaben an seiner beispiellosen Bereitschaft, der Erde zu dienen. Selbstlosigkeit und Demut, Treue und Bescheidenheit sind seine Gaben. Sam Gamdschie im »Herr der Ringe« ist ein brillantes Beispiel dieses Prinzips: unbedingte Treue und Hingabe, ohne jemals an Belohnung zu denken. In einer Gesellschaft, die nur Reichtum und eine möglichst hohe Position in der Karriereleiter (Hackordnung) achtet, fällt es jedoch insbesondere Männern schwer, die Lektion des Efeu anzunehmen. Und doch ist gerade das für die Heilung des Planeten unerläßlich. Es ist Zeit, umzudenken und Werte neu zu bestimmen.

Möge das grüne Herz des Efeu die Börsenmärkte und die Welthandelsorganisation bedecken!

Ohne die Segnung des Efeu-Engels regieren Arroganz, Ruhmsucht, Prahlsucht und schmierige Selbstgefälligkeit. Mehr Schein als Sein.

22

EFEU

— Das Orakel —

Frage nicht nach Belohnung, nach Ausgleich
Ob jemals irgendwer erkennen wird
Die Größe deines Tuns
Es ist dir gleich
Es bedarf keines Triumphs.
Deinem Inneren Plan zu folgen
Ist das größte Glück.

23 OLIVE

Wie kein anderer Baum schenkt die Olive Fülle und Reichtum und damit Frieden. Im Altertum war die Wirtschaft ganzer Völker (vor allem der hellenischen Griechen) auf den Erträgen dieses freundlichen Baumes aufgebaut. Er wurde außerdem das Wahrzeichen des antiken Athen: friedlicher Handel statt Kriegsführung!

Als Noah es auf seiner Arche bald nicht mehr aushielt, sandte er einen Vogel als Kundschafter. Man sagt, mit einem Olivenzweig im Schnabel sei die Taube zurückgekommen, und so wurde sie zum Friedenssymbol in der christlichen Tradition: Gott hatte den Menschen noch einmal verziehen und seinen Frieden mit ihnen gemacht! Fälschlicherweise wurde die Taube zum Symbol dafür, statt der Olive. Dabei wäre die Taube ohne den Olivenzweig nur ein Vogel geblieben, ein toter noch dazu, den nicht einmal Noah jemals wiedergesehen hätte.

Es ist der Oliven-Engel, der davon kündet, daß alle Menschen (miteinander und mit Gott) in Frieden leben können und das genug für alle da ist!

Der Olivenbaum schenkt Gesundheit und Wohlergehen, Mehrung und Gewinn. Er schenkt Freiheit, Gleichheit, Schwesterlichkeit, Gleichberechtigung, Toleranz und wahre Demokratie. Er steht für freundlichen Austausch und friedlichen Handel.

Ohne ihn fühlen wir uns gereizt und streitlustig. Wir meinen, von irgendetwas nicht genug bekommen zu haben und neiden anderen ihren Erfolg. Auf kollektiver Ebene ist die Mißachtung dieses Engels noch dramatischer: Unterdrückung, Ausbeutung, Versklavung, strategische »Dritte-Welt«-Verschuldung, unermeßliche Gier, Krieg.

– Das Orakel –

Im Krieg gibt es keine Sieger
Mit der ersten Attacke
Hat die Menschheit schon verloren.
Reichtum kommt von Innen.
Ehre dein Gegenüber, es gibt keine »Feinde«
Sie werden ihren Sonnenschein mit dir teilen
So wie du ihnen Freude gibst!

24 MANDEL

Wenn im Norden der Welt tiefster Winterschnee liegt, blüht unter südlichen Himmeln als erstes der Mandelbaum. Von Anbeginn hat seine weiße Pracht die Herzen der Völker geöffnet.

Tatsächlich ist der Mandelbaum eine Manifestation göttlicher Liebe. Er stärkt die Fähigkeit zur Treue, das Ehrgefühl, deine mildtätige und mitfühlende Seite, deinen Sinn für höhere Werte und er gibt Anschwung zu geistiger Suche: Die Mandel ist der Baum der Mystiker! Ihr älterer aramäischer Name bedeutet »Licht«. In biblischer Tradition wird der Mandelbaum außerdem mit der Allgegenwart Gottes in Zusammenhang gebracht.

Der botanische Name *Amygdalus* wurde aus dem Ostmittelmeerraum übernommen und geht auf das uralte sumerische *Ama Ga* = Große Mutter zurück.

Die Mandelgöttin regt dich an, nach dem Höchsten im Leben zu suchen, den höchsten Idealen und der größtmöglichen Reinheit der Absichten. Die Zukunft gehört den Kindern, darum füllen wir die Gegenwart mit Liebe.

»Klopfet und euch wird aufgetan!« – aber damit beginnt die Reise erst. Der Pfad zum Thron der Mandelgöttin ist ein langer Entwicklungs- und Initiationsweg. Die geistige Dimension der Mandel ist wie ein riesiges Mandal-a, ähnlich den langen »Pilger-Labyrinthen« auf den Böden gotischer Kathedralen. Bereits die Seher des alten Kanaan sprachen daher von der heiligen »Stadt der Mandel«, einem Ort geistiger Vollkommenheit (wie auch die sagenhafte Stadt Shambala im Himalaya).

Öffne die Mandelblüte im Innern deines Herzens! Folge dem Duft der Reinheit. Im Zentrum scheint das Licht allumfassender Liebe.

Selbst durch die dunkelsten Zeitalter ziehen sich die Offenbarungen des Engels der Mandel wie ein weißer Faden der Hoffnung. Doch dort, wo ihr Licht nur schwach scheint, erleben wir geistige Armut, Liebesmangel, seelischen Schmerz und daraus resultierende Grausamkeit. Auf gesellschaftlicher Ebene führt die Abwesenheit dieses Engels zu völligem moralischen Verfall sowie Macht- und Machbarkeitswahn …

24

MANDEL

– Das Orakel –

Deine Sehnsucht nach Wahrheit
Dem Sinn des Lebens
Bleibt nicht ungehört
In den Tiefen des Alls.
Der Hohe Rat sendet den Schlüssel
Das Tor ist nicht weit
Du wirst schön sein und Allen Segen bringen.

25 HAINBUCHE

Das Zentrum eines jeden wahren Heiligtums ist ein Ort, der uns zu neuem Bewußtsein, zu neuem Leben erweckt. Hier verkehrt der Mensch mit den anderen Ebenen des multi-dimensionalen Universums. Heiligtümer sind geistige Tore, Durchgangspforten.

Diese gewichtige Arbeit erfordert bisweilen ungestörte Konzentration und ungestörten Fluß der feineren Energien. Daher brauchen Tempel einen Schutzwall. Mauern sind recht effektiv, aber tot. Außerdem können sie *zu sehr* von der Außenwelt abschotten. Der geeignetste Schutz für ein Sanktuarium ist die »lebendige Hecke«, und in unserem Klimagebiet ist sie aus Hagedorn (= Weißdorn) oder der Hainbuche, die auch Hagebuche genannt wird.

Die Hainbuche schützt den Hain, sie ist der wahre Hüter der Mysterien. Sie ist ein reifer und bedächtiger Krieger mit mehr Tugenden, als ihr bescheidenes Auftreten vermuten läßt.

Sie schützt deine geistigen Anliegen, sie schenkt dir Einsicht und Selbsterkenntnis, sie vermittelt Sinn und ehrliche Absicht. Ihr genügt ein einfaches, bescheidenes Leben, wie das eines Zen-Meisters (»Vor der Erleuchtung: Holz hacken und Wasser holen; Nach der Erleuchtung: Holz hacken und Wasser holen.«). Sie ist praktisch und bodenständig. Sie kennt ihre Aufgaben und findet Erfüllung in ihrer Erfüllung. Sie ist der stille Diener (und der Stille Diener). Geist ist der König, die Hainbuche ist der treue Wächter an seinem Thron.

Wenn wir den Engel der Hainbuche von seinem Platz verweisen, neigen wir zu Grenzüberschreitungen, das heißt, wir mißachten den Raum anderer. Wir stellen uns über sie und werden ignorant. Außerdem beginnen wir, den geistigen Aspekt der Natur (den König) zu verleugnen.

– Das Orakel –

Das Allerheiligste
Der innerste Kern deines Sehnens
Wofür du zu sterben bereit wärest
Wofür zu leben du (noch) nicht wagst
Bewahre die Flamme!
Du bist der Hüter des Mysteriums
Der stille Diener des Königs.

26 ROTBUCHE

Der Engel der Rotbuche (silbern und grün) ist der Hüter der Annalen, der Archivar der Erinnerungen, der Großwesir des Reiches. Sein Mentor ist Saturn selbst, der Hüter der Schwelle. Durch die Meisterung der Vergangenheit erreicht dieser Engel eine außergewöhnlich machtvolle Gegenwart! Er ist bereit, dich teilhaben zu lassen an seinem Zielbewußtsein, seiner Konzentrationsfähigkeit, seiner Intensität und Lebenskraft. Er bewahrt, er verwahrt, er erhält und schützt. Er steht für Verläßlichkeit, Verantwortung und geradezu ritterliche Ehre. Natürlich ist er auch der Patron der Schreibkunst, denn auch sie bewahrt und erhält: Buch kommt von Buche. (Aber magische Alphabete, Runen, Orakel usw. sind etwas anderes und gehören in den Bereich der Esche, der Vogelbeere und natürlich der Eibe.)

Ohne Frage hält der Engel der Buche kostbare Gaben für alle bereit und nicht etwa nur für Historiker und Schriftsteller. Seine hohe Intensität und Bündelungskraft macht ihn zum idealen Verbündeten für Prüfungen, Interviews, Versammlungen usw. Die Buche kühlt den Geist und ist ein idealer Hausaufgabenhelfer (auch für Erwachsene), vor allem, wenn die Kinder die Jahre zuvor bereits in einen Waldkindergarten gegangen sind (was ohnehin ihre Präsenz sowie die Neuronenvernetzung in ihrem Hirn fördert).

Ohne den Segen der Rotbuche leiden wir an Zerstreutheit und Vergeßlichkeit. Wir verlieren die Orientierung wie ein Blatt im Wind und verzetteln uns leicht. Das Leben wird etwas geschmacklos und fade. Bei völliger Abwesenheit dieses Engels verbuchen wir Untreue, Verschwörung, Hinterhalt, Betrug und Hochverrat.

26

ROTBUCHE

– Das Orakel –

Bewahren von Herzen
Schafft den Raum für Vertrauen
Für neues Wachstum.
Erinnerung bringt Weisheit:
Wir lernen in der Zukunft
Aus dem Geschehen der Vergangenheit.
Geist besiegt die Zeit.

27 LIBANONZEDER

»Die Eiche ist der König der Wälder, die Esche der Kaiser«, sagt ein deutsches Sprichwort, das die rohe Kraft der Eiche und die verfeinerte Eleganz der Esche würdigt. Unter südlichen Himmeln hingegen wird die Position dieser beiden Baumarten weitgehend durch die Libanonzeder vertreten. Kein Baum ist so großartig und königlich wie sie! Schon König Salomo (ca. 11. Jh. v. Chr.) begehrte ihr Holz für den legendären Tempel zu Jerusalem, und auch die Könige und Pharaonen der riesigen Reiche des antiken Orients wollten diesen würdigen Baum als Teil ihrer Paläste nicht missen. (Heute gibt es noch ein kleines Naturschutzgebiet mit den letzten Zedern des hohen Libanon. Doch wie dieses kleine Hinterland Phöniziens über Jahrtausende die antike Welt mit Holz versorgen konnte, ist ein ungeklärtes Rätsel.)

Gleich zu Anbeginn der sogenannten »Zivilisation« (Stadtkulturen) finden wir die Verehrung der Zeder: Im alten Sumer galt sie als der Weltenbaum, in dem die höchsten der Gottheiten ihr Heim hatten.

Der Engel der Libanonzeder steht für wahres Königtum. Selbst unter Folter bliebe sein Wille und seine Integrität unbesiegbar, unbezwingbar. Sein Hofstaat ist groß: Es dienen ihm Edelmut, Fürsorge, Verantwortung, Vertrauen, Gerechtigkeit, Wahrhaftigkeit, Weisheit, Weitsicht, Vorausschau, Kreativität und Selbständigkeit. Die Zeder ist wie die Sonne, die alles erwärmt. Ihr Sternbild ist der Löwe – er verteidigt sein Territorium, aber überschreitet nicht die Grenzen anderer Reiche.

Von der Zeder erwählt zu werden, ist wie von König Artus selbst den Ritterschlag zu empfangen! Beuge dein linkes Knie, neige dein Haupt, sei der Ehre würdig! *Der Blick des machtvollen Zedernengels ruht auf dir: Entfalte deine innere Größe!*

Ist der König im Exil, kommen die Betrüger und Scharlatane aus ihren Löchern: List, Verschlagenheit, Intrigen, Verleumdung, Kaltherzigkeit und Machtmißbrauch. Es wird Streit, Entzweiung und Abhängigkeit erzeugt.

– Das Orakel –

Fürsorge, Anmut, Gerechtigkeit und Kraft –
Das Bild wahren Königtums
Ein Saatkorn in jeder Seele
Wird es wachsen, erblühen, Frucht tragen?
Die Kinder der Sonne
In Dunkelheit und Verblendung.
Bringe Wasser! Bringe Licht!

28 ROSSKASTANIE

Die Roßkastanie, ein Urbaum Europas, überlebte die letzte Eiszeit in einem entlegenen Tal im Balkangebiet. Dort steckte sie dann allerdings fest, weil ihre freigiebig großen, schweren Samen niemals weit fallen. Erst im 16. Jh. wurde dieser schöne Baum von einem westlichen Reisenden (dem flämischen Botschafter auf Türkei-Besuch) »entdeckt« und fand durch die Hilfe des Menschen (über die Botanischen Gärten von Paris und London) wieder weite Verbreitung. Heute spielen wieder viele Kinder (und Erwachsene) in vielen Gegenden der Welt mit den glänzend rotbraunen Samen. Doch darauf hat dieser Baum fast zehntausend Jahre lang gewartet!

Der Engel der Roßkastanie besitzt eine geradezu engelhafte Geduld (woher wohl?). Er lehrt dich das Ur-Vertrauen, das du brauchst, um *in innerem Frieden* auf die richtige Stunde zu warten. Und wohlgemerkt: Haben wir das Warten gemeistert, warten wir nicht mehr! Wir leben, wir genießen das Leben so, wie es ist. Wir haben nicht nur die Geduld gewonnen, sondern auch den Optimismus und die Zuversicht, daß alles gut werden wird – oder bereits gut ist und noch besser werden wird! Wir wissen, daß das Universum ein Füllhorn ist, das uns Fülle schenkt. Wir stimmen uns ein und werden selbst großzügig und freigebig wie der Baum, der auf großem Fuß lebt: mit großen Blättern, großen Knospen, großen Samen.

Halte dich nicht zurück! Sei großherzig, sei großzügig! Was sich leert, wird auch wieder gefüllt werden. Vertraue und erfreue dich und die anderen!

Ohne den Segen der Roßkastanie verlieren wir schnell die Geduld, wir eilen und hetzen und rennen hinter Dingen her, die uns auch keinen Frieden schenken, weil unser ganzes Timing nicht stimmt. In schlimmen Fällen werden wir richtig pessimistisch, geizig und mißtrauisch.

– Das Orakel –

Halte inne! Sei geduldig!
Alles, was du brauchst
Ist jetzt schon hier
Und was du morgen benötigst
Ist bereits unterwegs zu dir.
Die Fülle des Seins nährt die Seele
Alles ist an seinem Platz.

29 BERGAHORN

Der Bergahorn nennt uns bereits in seinem Namen, wo sich seine ursprüngliche Heimat befindet. »Ahorn« selbst stammt von der indogermanischen Sprachwurzel *ac, ak* und bedeutet »scharf, spitz«. Wie viele andere Ahornarten auch, wurde er aus dekorativen Zwecken in aller Herren Flachländer gepflanzt. Die Ahornfamilie ist jedoch robust und vielseitig, und so läßt er es sich auch dort gutgehen, und wir können uns überall an seiner Pracht erfreuen.

Ganz gleich, wo ein Bergahorn steht, ist er imstande, unsere geistige Klarheit zu erhöhen. Wir gewinnen Weitsicht, Übersicht, Vorausschau und den Blick für die richtigen Verhältnisse. Klares Denken und gute Konzentration helfen uns beim Lernen, und so gehört auch Bildung im weitesten Sinne in die Sphäre des Bergahorn. Im neuen geistigen Freiraum entstehen mühelos Ideen und Pläne. Unsere innere Sicherheit vergößert sich, was uns einerseits Durchsetzungskraft gibt und andererseits auch unsere Achtsamkeit erhöht.

Der Bergahorn verbindet die Elemente Luft und Erde, insbesondere Gestein. So fällt auch die konkrete Umsetzung und Verwirklichung der Ahorn-Gedanken leicht.

Erfreue dich eines kühlen Kopfes, werde scharfsinnig aber nicht spitzfindig!

Ohne den Segen des Bergahorn fischen wir im Trüben: unschlüssig, vage, verschwommen, voller Zweifel – aber sicher bin ich mir dessen nicht! Auch Zerstreutheit und Geistesabwesenheit sind … … wo war ich stehengeblieben? Ich glaub', ich krieg' die Krise!

– Das Orakel –

Scharfer Blick des Adlers
Klarheit des Himmels
Präzision des Blitzschlags
Weite des Windes.
Die Gegenwart deines Geistes
Verbindet Fern und Nah
Innen und Außen.

30 ERLE

Die Erle steht am Bach. Der Bach rauscht vorbei. Die Erle läßt ihn sausen. Der Bach läßt sie stehen. Er tränkt sie und schützt sie vor Austrocknung. Sie beschattet ihn und schützt ihn vor Überhitzung. Sie bewahren einander ohne einander verändern zu wollen. Sein-Lassen. Vollkommenheit. Eine Brise streicht durch die Blätter. Der Himmel lächelt.

Der Engel der Erle bringt Gefühl und Mitgefühl, Akzeptanz und Vergebung. Die Erle spendet tiefen Trost, sie beruhigt, sie ist Stütze und Hilfe bei der Erlösung alter Schmerzen und der Heilung seelischer Narben. Ihr Geheimnis ist das Loslassen, das Fließenlassen. Du brauchst nur an der Erle zu lehnen und dem Plätschern des Baches zu lauschen. Lasse alles los, das dir Schmerzen bereitet! Deinen Kummer, deine Trauer, deine Wut, deinen Haß … deine bitteren Tränen – übergib sie der Erde und ihren Helfern, um sie in Fruchtbarkeit zu verwandeln! Lasse deine Läuterung zu, reinige dich.

Die Erle ist außerdem die Norne der Vergangenheit, und ihr Geheimnis ist wiederum die Fähigkeit, an nichts zu haften außer dem Boden, auf dem sie steht.

Emotionen gehören zum Element Wasser, es sind Energien, die fließen müssen, um die Lebendigkeit zu erhalten. Stocken und stauen sie, kommt es zu Verhärtung und Versteifung, zu Hemmungen und Behinderungen. Und zu Unbeweglichkeit, auch geistiger. Langfristig führt die Stockung zu chronischen Schmerzen (seelisch wie auch körperlich) und harte Disziplin ersetzt Spontaneität und Mitgefühl. Darum ist es gut, wie die Erle alles sausen zu lassen …

30

ERLE

– Das Orakel –

Alte Wunden schmerzen
Neue Tränen fallen in den Bach
Eine warme liebende Hand
Berührt deine Augen, deine Narben
Und dein Herz wird zu einem Stern!
Der Bach trägt deine Bürde fort
Die Erleichterung bleibt.

31 BIRNE

Die Früchte des wilden Birnbaums sind klein und extrem herb. Doch bereits während des 2. Jahrtausends v. Chr. entstanden in Persien, im Kaukasus und in Südrußland die ersten Kultursorten, die von den alten Griechen weitergezüchtet wurden. Homer beschreibt (um 600 v. Chr.) einen Garten »voll balsamischer Birnen«. So blieben die Herbheit und die Stacheln (die Birne gehört zur Familie der Rosengewächse) auf der Strecke, und durch »Veredelung« brachte der Mensch den Aspekt der Birne in den Vordergrund, den wir immer noch schätzen: die sinnliche Süße, die süße Sinnlichkeit. Und zudem sind Birnen auch noch gesund: Sie wirken harntreibend, fieber- und blutdrucksenkend und reinigend auf den Organismus.

Der Engel des Birnbaums vertritt einen großen Teil des Venus-Prinzips, jedenfalls den positiven: Er bringt harmonische und ausgewogene Verhältnisse, das rechte Maß, Formsinn und Ästhetik, Kunst und guten Geschmack. Ein gutes Omen auch für Partnerschaft und Beziehung: Verständnis, Mitgefühl, Sensibilität, Zärtlichkeit, Erotik, Verschmelzung, Einigkeit, Stimmigkeit, Schönheit und Entzücken!

Die Gefahr mit den venusischen Annehmlichkeiten ist jedoch immer, daß wir *mehr* davon wollen, daß wir nicht satt werden, am Moment festhalten, uns klammern, und schließlich künstlich (und mit lauteren wie unlauteren Mitteln) versuchen, das Vergnügen zu verlängern. Dann schlägt die Süße schnell in Verderbnis und Ausschweifung um. So bringt der Engel des Birnbaums auch eine Prüfung: zu erkennen, daß es eben nicht nur um oberflächliche Vergnügung geht, sondern darum, dir und dem/der/den anderen *bleibende* tiefe Freude zu schenken. Die verführerische Schönheit und Sinnlichkeit darf uns vielleicht mal die Augen verdrehen, aber uns nicht geistig entwurzeln. Sonst geht es uns wie der lüsternen Crew von Odysseus, die von Circe allesamt in Schweine verwandelt wurden, weil sie Circes Dienerinnen nachstellten. Auch der Baum kann den Kuß der Sonne und die Berührung des Windes genießen und dabei fest verwurzelt bleiben. Genieße vollkommen, vergiß dabei dein Ego, aber verliere niemals dein Selbst!

Ohne den süßen Segen des Birnenengels wird das Leben trocken und einsam, und unsere verzweifelte Suche nach Vergnügen bringt nur Maßlosigkeit, Grobheit und Geschmacklosigkeit hervor. Eklig!

– Das Orakel –

Folge deinem Gefühl
Vertraue deinem Instinkt
Suche die Schönheit in allem
Das rechte Maß, die offene Begegnung
Genieße die Berührung
Und die Süße der geschenkten Frucht
Aber halte niemals fest!

32 PIPAL

Viele Jahrhunderte bevor Gautama Siddharta unter diesem Baum die Erleuchtung fand (woraufhin er Buddha und der Baum Bo- oder Bodhi-Baum, »Baum der Erleuchtung«, genannt wurde), war der Pipal bereits der heiligste Baum in der hinduistischen Tradition (als auch einiger Stammesvölker Indiens mit noch älteren Gebräuchen): Die höchste Essenz des Brahma (»der Unsterbliche, … den niemand erfassen kann, der das Selbst ist«) ist in diesen Baum hinabgestiegen. Das macht den Pipal zu einer Inkarnation des Lebensbaumes selbst, »Verleiher des Wohlergehens, Meister der tausend Lieder, Führer der Weisen« (Veden).

Der Engel des Pipal ist ein Avatar, der zu Meditation und Einkehr ruft. Er ist ein Tor zur geistigen Freiheit, zu wahrer Inspiration und Weisheit. Selbst die vollkommene innere Befreiung, die Erleuchtung, ist möglich.

Der Pipal steht außerdem für die Allgegenwart des Göttlichen. Und die bedeutet im Umkehrschluß, daß die *ganze Erde heilig* ist. Vergiß niemals, daß es nicht um *deine* Erleuchtung geht – das ist hübsch am Ziel vorbei! Betrachte ein einzelnes Blatt am Pipalbaum … und nun *siehe* den Baum in seiner Gesamtheit!

Die Abkehr von den höchsten geistigen Möglichkeiten in uns und der Natur führt zu Oberflächlichkeit und Materialismus, aber auch zu Abschottung und Einsamkeit. Menschen wie auch die Erde werden entwürdigt, entheiligt und geschändet.

Doch genauso gefährlich sind die Scheinheiligen und falschen Propheten, die dir Wundermittel und schnelle Erleuchtung versprechen. Uns dagegen kannst du natürlich vollkommen vertrauen: Wenn du nur 999 *Baum-Engel-Orakel* direkt bei uns bestellst und an ebensoviele Freunde verschenkst, kommst du garantiert in den Himmel!

– Das Orakel –

Gehe in dich, leere deinen Geist.
Keine Wünsche, keine Pläne
Keine Ängste, keine Wut
Keine Zukunft, keine Vergangenheit
Keine Verhaftung, kein Festhalten.
Atme wie alles atmet
Pulsiere wie das Universum pulst.

33 GINKGO

Neben der Eibe ist der Ginkgo der Ur-Baum guthin. Es gab diese Art bereits vor 270 Millionen Jahren. Vor 7 Mio. Jahren starb dieser edle Baum in Amerika aus, vor 2,5 Mio. Jahren in Europa. Er überlebte jedoch in China, wo er dann durch die Geschichte hindurch entsprechenden Respekt genoß. Heute finden wir ihn in vielen Teilen der Welt angepflanzt, besonders in Parkanlagen.

Die große Kraft des Ginkgo offenbarte sich wohl niemals so deutlich wie nach dem terroristischen Atombomben-»Test« der Amerikaner auf Hiroshima am 16. August 1945 (*nach* dem Ende des Weltkrieges und der japanischen Kapitulation!), der vielen Unschuldigen das Leben kostete und noch viel mehr Menschen (und Tiere und Pflanzen) radioaktiv verstrahlte. Vier Ginkgos (drei davon Tempelbäume) überlebten die Explosion in nächster Nähe. Der Naheste von ihnen – nur 1130 Meter vom Epizentrum entfernt – begann bereits im darauffolgenden Frühjahr wieder, zu blühen! Seither gilt der Ginkgo in Japan als »Träger der Hoffnung«.

Der Ginkgo steht für das Gewahrsein unseres Ursprungs, die Urkraft des Lebens. Er zeigt die Richtung zu unserer inneren Heimat. Von dort zu leben und zu handeln gibt uns Ursprünglichkeit und Originalität, innere Sicherheit, Stärke und Integrität. Du kannst *alles* erreichen, wenn du willst, aber zuvor mußt du deinen *Standort* kennen, sonst kannst du deine *Richtung* nicht bestimmen!

Verbinde dich mit den Wurzeln, dem Ursprung, dann ist die Ur-Kraft mit dir.

Ohne Wurzeln bleiben wir richtungs- und orientierungslos. Wir fühlen uns verwirrt und verlassen. Statt Durchsetzungskraft haben wir nur Zweifel. Ohne Rückgrat versuchen wir uns damit zu behelfen, die Ideen (Plagiatismus) oder die Meinungen (Opportunismus) anderer zu kopieren.

– Das Orakel –

Aus dem Samenkorn entsteht der Baum
Aus dem Baum entsteht das Samenkorn
Die Urkraft des Lebens
Unvergänglich im innersten Kern.
Finde deine innere Heimat!
Verwurzele, zentriere dich!
Wer bist du wirklich?

34 KIRSCHE

Die Kirsche ist ein Mondbaum. Mit den weißen Blüten, der dunklen Rinde und den tiefroten Früchten zeigt sie außerdem die Farben der Großen Göttin, der sie geweiht ist.

Diese Karte war ursprünglich für den kalifornischen Mammutbaum vorgesehen, den riesenhaften Wächter, der hilft, die gigantischen Kräfte der Elemente Erde und Wasser in Balance zu halten – dort, wo sich die steinernen Wellen der Rocky Mountains und ihrer Ausläufer mit den tektonischen Platten des Pazifiks reiben. Doch die vergleichsweise kleine Kirsche trat hervor mit einer Aufgabe, die ebenso gewaltig ist:

Über etwa fünfzehn Jahrhunderte wurde unseren Vorfahren eingetrichtert, daß sie entweder hoffnungslose arme Sünder sind (katholische Variante), oder nur etwas wert sind, wenn sie etwas leisten (evangelische Version) oder sich möglichst vieles (Angenehmes) versagen (puritanisch). Dieses vererbte völlig unterhöhlte Selbstbewußtsein muß geheilt werden, wenn wir endlich fähig sein wollen, unseren Nächsten zu lieben *wie uns selbst.* Auch Bäume sind »Nächste«. Wenn wir uns selbst nur verachten, können wir nicht wirklich lieben. So einfach ist das.

Es gilt, die bedingungslose Liebe auch auf uns selbst anzuwenden: Entledige dich deiner Angst, be- oder verurteilt zu werden! Du mußt nichts beweisen, nichts leisten und nicht die oder der Beste sein! Deine Seele war schon immer vollkommen, und es ist das Geburtsrecht eines jeden Wesens, glücklich zu sein.

Du hast etwas nicht erreicht, einen Fehler gemacht? Prima, das gehört zum Leben! Versuche es morgen erneut, aber HEUTE ist es an der Zeit, dich zu belohnen! Sei ehrlich: Du hast es verdient!

Bei der Belohnung betont der Kirsch-Engel ganz den sinnlichen Aspekt: ein gutes Bad, gute Erotik, gutes Essen, ein guter Spaziergang, gute Freunde sehen, ein guter Film oder einfach die Beine hoch auf einem guten Sofa! Die Reihenfolge darfst du dir auch noch aussuchen! Sei gut zu dir selbst, gönne dir etwas! Dann ist mit dir gut Kirschen essen.

Versagen wir uns jegliche Zuneigung, bleiben wir angespannt und humorlos und werden langfristig verbittert und vergrätzt. Doch vor allem regiert Angst – vor dem Versagen, vor Schuldzuweisung, vor Strafe – und wo Angst ist, kann die LIEBE nicht hin.

34

KIRSCHE

– *Das Orakel* –

Beurteile dich nicht
Nach deinen Leistungen
Du mußt nichts beweisen
Du bist bereits liebenswert!
Nun liebe dich selbst, verwöhne dich
Empfange den Nektar aus dem Kelch!
Seligkeit ist das Geburtsrecht aller.

35 MYRRHE

In der körperlichen Welt ist der Myrrhenbaum eine seltene Pflanze, die als knorriger Strauch nur an der Südküste der arabischen Halbinsel (heute Jemen und Oman) gedeiht. Doch ihr Engel ist überall.

Wird der Stamm verletzt (oder willentlich angeritzt), tritt eine weiße Wundmilch hervor, die alsbald zu goldgelben Brocken kristallisiert, Myrrhe oder Weihrauch genannt. Dieser Stoff diente seit jeher als Opfergabe in Ritualen. Sobald im 2. Jahrtausend v. Chr. das Kamel domestiziert war, begannen lange Karawanen, die riesige arabische Wüste zu durchqueren, um die Myrrhe zusammen mit anderen Gütern, wie Edelsteinen und indischen Gewürzen, zu den israelischen und phönizischen Häfen zu bringen. So fand der Weihrauch seinen Weg zu allen Tempeln, Kult- und Grabstätten der antiken Welt: zum griechischen Delphi und den Sonnentempeln Ägyptens ebenso wie zum keltischen Grab von Hochdorf (Raum Stuttgart). Überall verbrannten die Menschen Myrrhe, um die Götter zu preisen.

Der schwere süße Duft des Myrrhenharzes enthebt dich des Alltags und öffnet deine höheren Sinne für die geistigen Reiche. Die Myrrhe stärkt dein Gefühl für das Rituelle im Umgang mit dem Unsichtbaren und vergrößert deine Hingabe an das Göttliche. Dabei hilft sie dir, außerdem auch eine Brücke zwischen dem »Geistigen« und dem »Profanen« zu schlagen. Ihre Handelsgeschichte ist ein ausgezeichnetes Beispiel dafür, wie ein Baumengel seine Aufgabe durch das Mitwirken der Menschen in viel vollerem Umfang erfüllen kann. Der Mentor des Myrrhenengels ist Merkur, der ja auch Gott des Handels ist und gleichzeitig als geflügelter Götterbote zwischen den Menschen und dem Göttlichen vermittelt.

Verbrenne Weihrauch (heute übrigens ein Gemisch verschiedener Stoffe), reines Myrrhenharz, geweihten Salbei oder heiligen Tabak – ganz der Tradition entsprechend, der du folgst –, sonst zünde ein Räucherstäbchen an (Zigaretten gelten nicht, da Gewohnheit und Sucht das Gegenteil von Hingabe sind!). Lasse ein Gebet mit dem Rauch aufsteigen. Sende Dank, sende Segen.

Ohne Kultivierung der Dankbarkeit werden wir arrogant und egoistisch, stolz, überheblich und selbstgefällig. Die Menschen werden anthropozentrisch, erheben sich zur Krone der Schöpfung und verursachen Artensterben. Ohne Rauchopfer geht uns bald die Luft aus.

35

MYRRHE

– Das Orakel –

Entzünde das geweihte Herz
Und sende ein Gebet!
Zeit, Dank zu sagen
Und allem Leben Segen zu senden.
Die Liebe steigt höher als der Rauch
Und umhüllt die ganze Erde
So groß wie dein Herz.

Nachwort

Unsere Pforten der Wahrnehmung

Das Problem, das wir heute mit der Wahrnehmung feinerer Energien oder Wesenheiten haben, ist mangelnde Übung. Wir haben verlernt, wie es geht. Während es in Nachbarkulturen wie etwa dem Baltikum oder unter den Schamanen Sibiriens noch lebendige Traditionen von verebten seherischen Fähigkeiten gibt, tappen wir Westeuropäer ziemlich im Dunklen. Wohl auch deswegen, weil einige Jahrhunderte der Hexenverfolgung eine effektive genetische Auswahl betrieben haben. Um es überspitzt zu sagen: Wir wurden für Gehorsam gezüchtet, aber nicht, um eine eigene visionäre Schau der geistigen Welt zu entwickeln.

Abgesehen von den »schamanischen Workshops«, die im New Age wie Pilze aus dem Boden sprießen, damit uns jemand etwas *vormachen* kann, sind wir also auf uns allein gestellt. Wie viele andere habe auch ich verschiedene Rezepte probiert und festgestellt: Eine Veränderung der Persönlichkeit und eine Erweiterung der Wahrnehmung ist tatsächlich möglich! In meinem Fall haben Weisheiten und Übungen aus Zen-Meditation, Tai Chi und Kundalini Yoga (nach Yogi Bhajan) weitergeholfen. Eine wilde kulturelle Mischung, aber die einzige Konstante war und ist für mich das Ausschlaggebende: der Stimme des eigenen Herzen zu folgen.

Wir alle sind dahingehend trainiert worden, mit der Geschwindigkeit des modernen Lebens Schritt zu halten. Wir hetzen von A nach B, um die rechten Dinge zu sehen, zu hören, zu kaufen und zwischendurch Gelegenheit zu finden, für alles das nötige Geld zu verdienen. Ein Spaziergang im Wald – wo »nichts passiert« – und wo wir womöglich sogar zeitweilig die Zeit vergessen, birgt die große Gefahr, den neuesten Trend zu versäumen! Darum sieht man auch so selten Teenager im Wald. Aber tatsächlich ist der mentale Griff unserer Form der »Zivilisation« so stark, daß es oft ein halbes Leben lang dauert, ihn abzuschütteln. So kommt es, daß die meisten Menschen im Wald mindestens 30, oft eher über 60 Jahre alt sind. Was wiederum die jungen Gefangenen der großen Glücksräder zu dem Glauben bringt, Bäume seien etwas für langweilige Rentner. Das Gegenteil ist wahr: Der Wald hat (genau wie Rentner) nichts mit geistiger Langsamkeit zu tun, sondern er ist ein Hafen an der Küste zu einer viel umfassenderen Realität als dem Alltagsbewußtsein. Du wählst dir dein Schiff aus – es mag Birke heißen oder Buche, oder sogar Nessel oder Singdrossel – und eine atemberaubende Reise in das Unbekannte beginnt …

Ängste

Doch bei der Abfahrt hemmt uns etwas ganz entschieden: unsere Ängste.

Da ist zuerst einmal die rationale Angst: »Oweih! Ich rede mit Bäumen – verliere ich den Verstand?«

Die Angst, lächerlich gemacht zu werden: »Wenn mich jetzt jemand sieht!«

Die Angst, Ärger zu kriegen, z. B. mit mißtrauischen Förstern, Jägern oder Grundbesitzern.

Die Angst vor der Dunkelheit und vor dem Unbekannten. Wenn du allein im Wald bist, vor allem in der Nacht, wenn er wirklich zu flüstern beginnt, rächen sich sämtliche Horrorfilme und Akte-X-Folgen, die du jemals gesehen hast. Du wirst Opfer deiner eigenen Erinnerungen und Projektionen, der dunkle Wald wird zur Kinoleinwand, und bei jedem Knacksen erschrickst du vor dem großen haarigen Monster deiner Fantasie! Du schaltest schnell die »zur Sicherheit« mitgebrachte Taschenlampe ein und rennst verstört nach Hause, nicht gewahr, daß du ihr Wahrheit dem Ort größtmöglicher Harmonie innerhalb deines Landkreises den Rücken kehrst:

Wenn Menschen zusammenleben, geht es allzu oft nur eine begrenzte Zeit wirklich gut. Doch Pflanzen stehen zusammen durch dick und dünn. Jede Gemeinschaft formt sich aus Arten, die unterschiedliche Ansprüche an Boden, Nährstoffe und Licht haben und sich oft noch gegenseitig ergänzen. Symbiosen mit Pilzen und anderen Mikroorganismen machen den Wald überhaupt erst möglich. Zusammenarbeit ist die Devise, nicht Konkurrenz. Die großen Laubbäume breiten schützend und erhaben ihr Dach über den Lebensraum von abertausend Pflanzen- und Tierarten aus. Wenn sie im Herbst ihr Laub abwerfen, werden die Nährstoffe, die nur die Baumwurzeln aus großer Tiefe heraufbefördern können, auch den kleineren Pflanzen zugänglich.

Kannst du dir vorstellen, wie es sein muß, ein alter Baum in solch einer alten Waldgemeinschaft zu sein? Die Jahreszeiten, die Zyklen von Wachstum und Verfall zu sehen? Generation um Generation von Pflanze, Tier und

Mensch, Jahrhundert um Jahrhundert? Ohne ein menschliches Ego, Ungeduld, Ängste und Pläne? Du würdest die Gesetze des Lebens verstehen, den größeren Plan. Das ist es, was wir Weisheit nennen, oder?

Innen oder Außen?

Ich habe ein Vierteljahrhundert lang versucht, meine höheren Sinne zu schulen, und als die Zeit meiner Visionssuche in einer mehrtausendjährigen Eibe gekommen war, wurden mir zumindest ein paar bescheidene Früchte meiner Arbeit zuteil (siehe *Geist der Bäume*, »Visionssuche«).

Ich bin mir sehr der Gefahr des Wunschdenkens bewußt: Man »glaubt« irgendwie an Naturgeister, man *will* ihnen begegnen, die Findhorn-Kalender mit den Durchsagen von Dorothy McLean bestätigen einen, aber wenn wir wirklich etwas erleben, wie können wir *wissen*, daß es nicht bloße Einbildung ist?!?

An ihren Früchten sollt ihr sie erkennen.

In der Nacht meiner Visionssuche in der uralten Eibe spürte ich ihren Geist so klar wie im Sommer die Sonne auf meiner Haut. Ihr (eine weibliche Eibe) Geist umgab den meinen und auf leichten telepathischen Füßen durchdrang sie ihn, zärtlich und respektvoll, und nur dort, wo ich es zuließ. Allerdings war es mir der höchste Segen, daß ich keinerlei Geheimnisse hatte und es überall zuließ! Es war einer der *realsten und klarsten Momente in meinem Leben*. Und noch nie hatte ich mich so geborgen gefühlt!

Ich habe selten solch eine Begegnung in vollkommener bedingungsloser Liebe erleben dürfen. Natürlich besuchte ich diesen Baum erneut, denn eine starke Beziehung entwickelte sich. Doch ein Jahr später wurde eben dieser Baum das Opfer eines Brandanschlags, der riesige hohle Stamm wirkte wie ein Fabrikschlot, die Feuersäule zerstörte einen großen Teil der Krone. Die örtliche Feuerwehr kämpfte löblich die gesamte Nacht und rettete den Baum. Er lebt, er gedeiht. Er sieht etwas angeschlagen aus, und das hohle, heilige Innere ist grob und provisorisch mit Brettern vernagelt worden. Nun ja, auch Blitze treffen Bäume. Aber daß das Feuer von Menschenseite kam, macht doch einen Unterschied. Ihr Geist, der so offen und willkommenheißend war, hat sich tief in sich zurückgezogen. Vielleicht für ein-, zweihundert Jahre? Was macht das schon im Leben einer Eibe, aber werde ich Eintagsfliege ihr jemals wieder *begegnen*?

Doch die Frage bleibt: Wie weiß ich, daß es *ihr* Geist war und nicht meine Einbildung? Sozusagen ein schamanisch gezüchtetes, wohlkontrolliertes Stückchen Schizophrenie, daß mich befähigte, ein »Zwiegespräch« in meinem Bewußtsein zu erfahren?

Was ich erlebte war, daß meine vorbereitende Meditation mich ohnehin in einen Zustand tiefen inneren Friedens versenkt hatte, in dem die üblichen Grenzen zwischen »Ich« und »Nicht-Ich« völlig an Bedeutung verloren. Oder eher: als gefährliche Illusion erkannt werden. Wie der buddhistische Lehrer Thich Nhat Hanh betont, kann ohnehin nichts aus sich selbst existieren. Eine Blume ist nur da, weil sie das Licht der Sonne aufnahm, den Kohlenstoff aus der Luft, usw. Ich, die Eibe, die Luft, der Mondschein, die Erde – alles gehört zusammen.

Ich fand in meinem Geist einen *wirklich existierenden* Raum, der Eiben-Geist ist. Ich erfahre das innerhalb meiner Psyche, aber letzlich erfahren wir alles, was uns widerfährt, innerhalb unserer Psyche. Die Frage, ob der Eibengeist nun lediglich in mir existiert (das würden wir dann »Einbildung« nennen) oder auch außerhalb, wird völlig irrelevant. Denn man erlebt ihn nur im Zustand klaren, reinen, vorurteils- und wertfreien SEINS. Und hinterher gehen wir nach Hause, aber wir haben eine tiefe Beziehung geknüpft, wir fühlen uns endlich nicht mehr abgeschnitten von der Natur um uns und in uns, weil wir ihre Einheit erkannt haben. Und nun sind wir aus vollem Herzen fähig und bereit, für das Leben einzutreten, zu kämpfen, und unseren wahren Aufgaben auf Erden nachzukommen: Nicht als eitle, selbstgefällige Krone der Schöpfung, sondern als liebende Gärtner im Garten Eden.

»... und alle Bäume Edens sind mit dir herabgestiegen ...«

Sie haben uns vertraut damals, und sie sind erneut bereit, uns zu vertrauen.

Adressen

www.ancient-yew.org
Viel Informationen über die uralten Eiben der Britischen Inseln (englisch).

www.bundesverband-waldkinder.de
Bundesverband der Natur und **Waldkindergärten**, Deutschland e.V.
(BuNW) Geschäftsstelle Flensburg, Osterdamm 27, 24983 Hemdewitt
Tel. 04608-1755

www.dnr.de
bieten viele Workshops, Vorträge usw. zum Thema Umweltschutz, Natur.
Spezielle Baumseite: www.dnr.de/dnr/programm/programm.php?id=4
Deutscher Naturschutzring,
Geschäftsstelle Bonn, Am Michaelshof 8-10, 53177 Bonn
info@dnr.de, Telefon: 0228-359005, Fax: 0228-359096

www.freunde-der-baeume.de (und **www.FriendsOfTheTrees.org.uk**)
*Die **Freunde der Bäume** wollen das uralte Band der Freundschaft von Mensch und Baum erneuern.*
Freunde der Bäume e.V., Cecilienstr. 29, D-66111 Saarbrücken
info@freunde-der-baeume.de, Tel.: 0681-938 7077, Fax: 0681-390 4102

www.fsc-deutschland.de
FSC Arbeitsgruppe Deutschland e.V.
Das Forest Stewardship Council (FSC) ist eine gemeinnützige und unabhängige Organisation zur Förderung verantwortungsvoller Waldwirtschaft. Die Grundidee ist die Förderung nachhaltig bewirtschafteter Flächen, so daß Urwälder verschont bleiben. Umweltorganisationen, Gewerkschaften, Waldbesitzer und Unternehmen der Holzwirtschaft unterstützen den FSC.

Greenpeace
www.greenpeace.de/themen/waelder/
www.greenpeace.de/themen/waelder/urwaelder_europas/
Greenpeace e.V., Große Elbstraße 39, 22767 Hamburg
mail@greenpeace.dewww.greenpeace.de
Telefon: +49-(0)40-30618-0, Fax: +49-(0)40-30618-100

www.umwelt.org/robin-wood/german/wald/fg/index.htm
Einsatz für den Wald – Gegen Waldsterben und Kahlschlag
ROBIN WOOD Bundesgeschäftsstelle, Langemarckstr. 210, 28199 Bremen
geschaeftsstelle@robinwood.de, Tel: 0421 - 59 828 8, Fax: 0421 - 59 828 72

www.pro-regenwald.de
Costa Rica: Wiederbewaldung von Wasserschutzgebieten und Pflanzung zur Sicherung eines biologischen Korridors
Pro Regenwald, Frohschammerstr. 14, D-80807 München
info@pro-regenwald.de, Tel.: 089-359 8650, Fax: 089-359 6622

www.spirit-of-trees.de
Die Homepage von Fred Hageneder informiert über die Bedeutung der Bäume in der Kulturgeschichte der Menschheit.

www.tree-harvest.com
Everything from the forest medicinal herbs, spices, dried fruits, nuts, oils, incense, ... renweable, sustainable, and fair-traded (Mailorder; englisch).

www.wald-in-not.de
Stiftung Wald in Not, Godesberger Allee 142-148, 53175 Bonn
stiftung@wald-in-not.de, Tel.: 02 28 - 81002-13, Fax: 02 28 - 81002-57
Die Stiftung Wald in Not versteht sich als eine private Initiative zur Erhaltung und Vermehrung des Waldes. Sie wird als Gemeinschaftswerk unterstützt von Persönlichkeiten und Organisationen, denen dies ein besonderes Anliegen ist.

www.waldklein.de
Hier gibt es verschiedene Beiträge zum Thema Wald und Veranstaltungen.

www.wwf.de
In insgesamt 30 national fokussierten Projekten engagiert sich der **WWF** *für den Schutz wertvoller Naturräume in Deutschland.*

www.wwf.de/naturschutz/lebensraeume/waelder
Mit über 300 Projekten in fast 90 Ländern setzt sich der **WWF** *für die Bewahrung der Wälder ein.*

Der Autor

Fred Hageneder wurde 1962 in Hamburg geboren. Seit 1980 erforscht er mit Hingabe die Bäume und ihre Verbindung mit Religion, Kulturgeschichte, Mythologie und Archäologie. Fred ist ein führender Autor auf dem Gebiet der Ethnobotanik und der kulturellen und spirituellen Bedeutung der Bäume. Bücher von ihm liegen auf deutsch, englisch, italienisch und tschechisch vor. Seine Vortragstätigkeit führte ihn bisher in verschiedene ökologische Zentren in Deutschland und in der Schweiz sowie an die Abant Izzet Baysal Universität in der Türkei.

Sein Werk *Geist der Bäume* ist eine ganzheitliche Betrachtung des einflußreichsten Geschöpfes der Erde und eine Kulturgeschichte der Menschheit und der Bäume. *The Living Wisdom of Trees*, eine weitere bedeutende Veröffentlichung über die Baumkultur und die weltweiten Mythen erschien 2005 bei Duncan Baird, London (eine deutsche Ausgabe ist vorgesehen). In Vorbereitung sind ein Buch über *Baum-Yoga*, in welchem Yoga- und Meditationstechniken aus dem Kundalini-Yoga mit den Lebensenergien der Bäume verknüpft werden, sowie eine Monographie über die heilige Eibe.

Fred ist Mitglied der AYG (Ancient Yew Group, www.ancient-yew.org), einer selbständigen Forscher-Gruppe, und Mitbegründer der Freunde der Bäume e.V. www.freunde-der-baeume.de, der moderne Baumheiligümer als Orte des Friedens aber auch als multikulturelle und interreligiöse Begegnungsräume schaffen möchte. Fred spielt verschiedene traditionelle Harfen und hat Musik für verschiedene Baumarten komponiert. Er lebt als Grafiker und Musiker im Westen Englands.

Mehr Informationen: www.spirit-of-trees.de

Die Künstlerin

Anne Heng, geboren in Prüm/Eifel lebt als freie Malerin und Zeichnerin mit Ehemann, Sohn und fünf Katzen in einem alten Schulhaus im Taunus. Ihre spezielle Technik »Zeichnung auf Seide« ermöglicht es ihr, Fließendes und Konkretes, Traum und Wirklichkeit, Intuition und Handwerk harmonisch zu verweben. Ihr Wunsch ist es, mit ihrer Arbeit die Herzen der Menschen zu erreichen und zu öffnen für die unaufdringliche, stille Schönheit der Natur. Mehr von ihr unter www.anne-heng.de

Ein Buch über Bäume, wie es noch keines gab

Im vorchristlichen Europa wie in allen anderen Teilen der Welt wurde die ganze Erde als ein atmendes Wesen gesehen, erfüllt von sichtbaren und unsichtbaren Lebensformen. Bäume waren in dieser heiligen Landschaft hochangesehene Pforten der Einweihung. Die Kraft und Energie heiliger Haine und einzelstehender alter Bäume half den Kelten, Germanen, Römern und Griechen aber auch schon den Menschen der Bronzezeit und der Jüngeren Steinzeit, die Grenzen ihres Bewußtseins zu erweitern und Kontakt mit dem Unsichtbaren aufzunehmen.

»Geist der Bäume« beschreibt die uralte tiefe Freundschaft zwischen Mensch und Baum. Es führt uns in das Innere der Körper der Bäume, in die faszinierende Welt der Zellen und Moleküle, erklärt die elektromagnetischen Kraftfelder und wie Bäume mit Hilfe von Licht kommunizieren. Und es führt uns zum Geist der Bäume, der in jeder Baumart eine andere Ausprägung annimmt. Wege werden beschrieben, auf denen der heutige Mensch sich wieder einstimmen kann, um in einen bewußten und liebevollen Austausch mit lebendigen Bäumen zu treten.

Drei Bücher in einem:

- Die Biologie der Bäume und die Ökologie des Waldes in einer wissenschaftlich-spirituellen Gesamtschau mit vielen neuen Erkenntnissen.
- Kultur- und Religionsgeschichte des Baumes von der frühen Steinzeit über die Kelten und die Hochkulturen des Altertums bis in unsere Zeit.
- Alle einheimischen Bäume in einzigartigen Porträts.

Fred Hageneder
Geist der Bäume
Eine ganzheitliche Sicht ihres unerkannten Wesens
3. erweiterte Auflage.
Gebunden mit Schutzumschlag, 416 Seiten, 17 x 24 cm, reich illustriert, viele Farbabbildungen.
ISBN 3-89060-472-2

Eine mystische musikalische Reise

Kompositionen für Harfe und Querflöte, Geige, Saxophon (!), Streichquartett, Perkussion und Kontrabaß, inspiriert von unseren einheimischen Bäumen und ihren Mythen. Eine musikalische und mystische Reise, die voller Bewegung ist und doch eine tiefe Ruhe atmet.

Fred Hageneder
The Spirit of Trees
CD, 66 Minuten
ISBN 3-89060-708-X

Der Neue Erde-Verlag ist Sponsor des Drei-Haine-Projektes im Elsaß. Hier entsteht ein Ort der Begegnung zwischen Baum und Mensch: Alle heimischen Baumarten sind als Solitär vertreten, es gibt einen Eibenkreis und einen Kreis der Menschen und Kulturen. Infos bei:

Freunde der Bäume e.V.
Cecilienstr. 29, D-66111 Saarbrücken
fdb@neueerde.de, www.freunde-der-baeume.de

Bücher von NEUE ERDE im Buchhandel
Im deutschen Buchhandel gibt es mancherorts Lieferschwierigkeiten bei den Büchern von NEUE ERDE. Dann wird Ihnen gesagt, dieses oder jenes Buch sei vergriffen. Oft ist das gar nicht der Fall, sondern in der Buchhandlung wird nur im Katalog des Großhändlers nachgeschaut. Der führt aber allenfalls 50% aller lieferbaren Bücher. Deshalb: Lassen Sie immer im VLB (Verzeichnis lieferbarer Bücher) nachsehen, im Internet unter **www.buchhandel.de**

Alle lieferbaren Titel des Verlags sind für den Buchhandel verfügbar.

Sie finden unsere Bücher in Ihrer Buchhandlung oder im Internet unter **www.neueerde.de**

Bücher suchen unter: **www.buchhandel.de**. (Hier finden Sie alle lieferbaren Bücher und eine Bestellmöglichkeit über eine Buchhandlung Ihrer Wahl.)

Bitte fordern Sie unser Gesamtverzeichnis an unter

NEUE ERDE GmbH
Cecilienstr. 29 · D-66111 Saarbrücken
Fax: 0681 390 41 02 · info@neueerde.de

NEUE ERDE